JN325043

国際消費者運動
― 国際関係のフロンティア ―

境井孝行 著

大学教育出版

国際消費者運動
— 国際関係のフロンティア —

目　次

第Ⅰ部　消費者運動の国際的発展 …………………………………………1

第1章　消費社会と消費者運動 ………………………………………3
── 生成から国際化への過程 ──
はじめに　*3*
Ⅰ．消費社会の生成と展開　*6*
Ⅱ．消費者運動の形成と発展　*14*
Ⅲ．消費社会の国際化　*25*
Ⅳ．消費者運動の国際化　*36*
おわりに　*48*

第2章　国際的社会集団の形成と機能 ………………………………57
── 国際消費者機構（IOCU）の事例 ──
はじめに　*57*
Ⅰ．問題の設定　*58*
Ⅱ．国際消費者機構（IOCU）の形成と発展　*59*
Ⅲ．若干の理論的考察　*69*
おわりに　*73*

第3章　国際消費者運動 ………………………………………………79
── 変革の対象と方法 ──
はじめに　*79*
Ⅰ．消費者運動の類型　*80*
Ⅱ．消費者運動の国際的展開　*83*
Ⅲ．国際消費者機構（IOCU）の政治的課題　*90*
── 国際レベルにおける消費者問題の「政治化」 ──
おわりに　*96*

第4章　NGOの消費者保護に関する考察 ……………………………*101*
はじめに　*101*
Ⅰ．消費者問題の発生と消費者保護の思想　*102*
Ⅱ．消費者の組織化と消費者運動の国際化　*107*
Ⅲ．NGOの消費者保護　*112*
おわりに　*116*

第Ⅱ部 消費者問題の国際政治過程 ……………………………………119

第5章 国際消費者問題と消費者運動の資源動員 ……………………121
―― 国連消費者保護ガイドラインのケース ――
はじめに　*121*
Ⅰ．国際消費者問題の構造　*122*
Ⅱ．消費者保護へのグローバルな動員　*124*
Ⅲ．国連消費者保護ガイドラインとコンシューマリズム勢力　*127*
結論 ―― トランスナショナル・モデルの「復活」と資源動員 ――　*134*

第6章 食の国際化と消費者問題 ………………………………………*140*
はじめに　*140*
Ⅰ．食の国際化　*141*
Ⅱ．世界貿易のルールと食に関する国際基準　*143*
Ⅲ．食の国際化に伴う消費者問題　*147*
おわりに　*150*

第7章 消費者問題の政治学的研究 ……………………………………*152*
はじめに　*152*
Ⅰ．政治過程と消費者問題　*153*
Ⅱ　消費者問題の比較政治　*163*
Ⅲ．国際関係における消費者問題　*170*
おわりに　*176*

第8章 国際消費者問題の政治過程 ……………………………………*181*
―― 国連消費者保護ガイドラインの形成とアメリカ ――
はじめに　*181*
Ⅰ．国際消費者問題の発生とその対応　*182*
Ⅱ．国際的な消費者保護とアメリカ政府の対応　*185*
Ⅲ．国連消費者保護ガイドラインの原形　*188*
Ⅳ．国連消費者保護ガイドラインの修正とアメリカ政府の妥協　*191*
おわりに　*197*

解説（国際消費者運動と国際関係論）..........................初瀬龍平.............*203*
 Ⅰ．はじめに *204*
 Ⅱ．国際システムの変化 *204*
 Ⅲ．世界市民社会への期待 *206*
 Ⅳ．日常生活のなかの国際関係 *207*
 Ⅴ．結　語 *209*

出版の経緯 ── あとがきにかえて ── *210*

初出一覧 *212*

第Ⅰ部
消費者運動の国際的発展

第1章　消費社会と消費者運動
── 生成から国際化への過程 ──

　　はじめに

　消費社会の歴史は、「生産」と「消費」の分化から始まった。古典派経済学の観点からいえば、両者は絶えず拮抗関係にあるが、現実の消費生活においては「生産」の側が「消費」の側を規定する傾向が強いと考えられる。「生産」と「消費」の分化から生じる秩序なき社会状態は、近代社会においては「国家」によって秩序付けられてきた。しかし、ここで見落としてはならないのが、消費者自身もまた消費社会の参画者であるという視点である。

　今日、国内社会の消費生活は、国際社会の枠組みの中でますます規定されるようになっている。世界経済のみならず、国際政治のあり方が庶民の消費生活に強い影響を及ぼしている。それに対して、消費者の側も国際的な消費者集団を結成して、消費者の利益を擁護あるいは主張し、公正な消費社会の理念を提示しようと努めてきた[1]。

　従来、消費社会と消費者運動は、「産業社会」から「ポスト産業社会」への移行過程のなかで論じられてきた。その視点は、国民社会の枠組み内に充足しがちであり、両者の国際化への過程に関しては、希薄な関心しか持たれていなかった。しかし、現状では、国民社会の相互依存の深化とともに、消費社会はトランスナショナルな状況を呈し、消費者運動はトランスナショナルなアクターとして浮上しつつある。このような現状を分析する際には、トランスナショナルな分析手法が必要とされる。

　本章での問題関心は、消費生活が一体何によって規定されているのかという点にある。それは、個人的な消費行動によって規定されるのか、それとも消費

社会の仕組みそのものによって規定されるのか。国際化のなかで、消費社会の仕組みは、国家の貿易政策、市場経済の動向、消費者運動団体を中心とした消費者集団の活動、そして最後に消費文化によって規定されている。もし、個人的な消費行動によってのみ規定されるのなら、なぜ消費者が不利益を被る消費者問題が発生するのか、どうして消費者の利益を代弁する消費者運動が登場してくるのか理解できない。実は、消費社会の仕組みそのものが消費者問題の温床であり、消費者運動を生み出す引き金となっているのではないだろうか。本章は、まず最初の課題として消費社会の仕組みと消費者問題をその生成から国際化への過程のなかで考察する。

　では、消費生活は、消費者個人の行動によって規定されないのだろうか。もちろん、規定されるであろう。消費社会は、消費者の行動パターンの変化によってその特色を変えるであろう。たとえば、環境問題に配慮した消費行動のパターンは、環境に優しい消費社会を構成する。しかし、消費行動のパターンは、1人の個人によって作り出されるというよりもある特定の消費者集団によって作り出されるとみた方が現実的である。そこには当然、未組織集団から高度に組織化された集団まで、幅の広い消費者集団が配置される。未組織集団に関していえば、ブームに乗った消費者集団がそれに当たる。たとえば、1993年に日本で起こったフィリピン産ナタデココ（ココナツ発酵食品）のブームは、若い女性の口コミにより一大流行となった（93年の輸出総額は2580万ドルで前年の約24倍、対日輸出額は全輸出額の96％を占める）[2]。次に組織化された集団に関していえば、消費者運動団体がそれに当たる。最も典型的な例は、「圧力団体」と化した消費者集団であろう。

　次に、本章でなぜ消費者運動団体を取り上げるのかについてふれておきたい。貿易の拡大とともに、消費者問題の多くは国際レベルで発生するようになっている。しかし、多くの政府やガットなどに代表される国際組織では、国際消費者問題の解決方法は、依然として制度化されていない。これまで、国際消費者問題の解決に積極的に取り組んできたのは消費者運動団体であった。消費者運動団体は、消費者の利益を擁護する利益集団であり、消費者問題の解決を制度化させる政治過程のアクターでもある。消費者運動の果たす役割は、現段階で

は大きいといえよう。消費者運動は、その時代背景や社会的環境によってその特徴や役割を変えてきた。本章では、第2の課題として、消費者運動の役割をその生成から国際化への過程のなかで検討する。

　第1と第2の課題に答えるために、まず最初に、Ⅰにおいて消費と消費者の概略的な説明を行っておきたい。この場合、何を消費するかが問題であるが、ここでは生産工程段階における中間生産物ではなく、最終生産物の消費だけを対象とする。なお、ここでいう「消費」には2つの過程があることを前もって断っておかなければならない。1つは「市場を介した消費」であり、もう1つは「市場を介さない消費」である。今日よくいわれる「消費」は、「市場経済」によって規定されている「消費」あるいは「消費社会」を指しており、本章でも前置きがない限りは、前者の「市場を介した消費」過程に焦点を当てている。

　同じくⅠでは、消費社会が誕生した理由と、大衆消費社会の構造ならびに消費者問題についても考察する。「消費社会」の誕生は、国際化のなかで起きた出来事でもあることを明示する。なお、ここでいう「消費者問題」とは、消費者が引き起こす問題ではなく、消費者が被ってきた問題を指している。

　次にⅡでは、消費者問題に対する消費者の対応の仕方について検討する。ここでは、1840年代のイギリスと1920年代のアメリカ、そして1960年代のアメリカを事例としてみる。この3つの事例を通して、消費者運動の役割が消費者の自己決定権を回復させる点にあること、また3つの運動がモデルとなって海外の消費者にも強い影響を及ぼしてきたことを明らかにする。

　Ⅲでは、消費者問題の国際化について論じる。実際、「消費」活動は、国民社会の下で自足できるものではなく、国際的な交易が始まったときから、消費の場は他国から影響を受けるようになっている。消費の国際化は、消費者問題の国際化につながってきたといえる。国際的な消費者問題は、南北問題でもあることを明らかにする。

　Ⅳでは消費者運動の国際化とその役割について考察し、最後に全体的な総括を行っておきたい。

I. 消費社会の生成と展開

1. 消費と消費者

　今日よくいわれる「消費」は、「生産」概念と対峙して初めて成立する概念であり、それは、「市場を介した消費」を指している。ここでは、「生産」と「消費」の分化過程に焦点を当て、「消費」と「消費者」の概念整理をしておきたい。

　人類が、採取や狩猟、あるいは牧畜を生活の営みとしている社会において、「生産」と「消費」はほとんど未分化の状態だった。農耕による生産段階においても、自給自足経済のもとでは、「生産」と「消費」は大家族内でほとんど一体であり、完結していた[3]。この段階で消費者の概念が生まれる余地はない。ところが、農業社会が技術革新によって生産力を上昇させ、余剰生産物を生み出す段階になってはじめて、ある特定の生産物が交換され、生活資材のある部分を交換によって消費する人が現れる。「生産」と「消費」は、「市場」を介して徐々に分離していったのである。たとえば、イギリスの中世社会において、農民は余剰生産物を「市場」で売り、自分で作ることのできないものを「市場」で購入していた[4]。そのときに「市場」で交換されていたものは、パン、肉、皮革、エール（ビールの一種）、薪、布等の生活必需品ばかりであった。しかし、「消費」は、封建領主が強制する身分や職分に応じていなければならなかった。封建社会における「生産」と「消費」は、封建領主の介入によって秩序が維持されていたからである。

　交換経済を生み出す原因は、分業にも求められる[5]。1つの仕事の過程を分担し合うことによって、生産の能率性は向上する。しかし、分業が進化すれば、自分で生活必需品のすべてを賄うことはできなくなり、他者の生産物に依存しなければならない。交換経済は、ある特定の生産物に関して生産する者と消費する者の人格的分離を徐々に引き起こす。この場合の人格的分離とは、あるモノをめぐって、作る側のアイデンティティと消費する側のアイデンティティが一体化していないことを指している。それは、交換という行為によって「生産」と「消費」が個人レベルで切断されるからである。

また、分業の進化は、家庭から経営組織体を社会レベルで分離した。生産活動を担当する組織体は、家庭で営まれていた生産活動を代行し、家庭は消費の主体へと変わっていく。その結果、家庭と経営は、市場を通じて相互に交換する以外に存立基盤がなくなる。近代社会における「企業」は、「生産」の場と「消費」の場の距離を拡大していく。

　さらに、貨幣の登場が、生産物の交換を促進させ、生産者と消費者の分離に一層拍車をかける。しかし、資本主義経済が成立するまでは、共同体内における注文生産が主流になっており、生産者と注文する者とは顔なじみの関係であり、両者の間には十分な意思疎通があった。つまり、「日常生活は共同体組織に支えられて安定していた」[6]のである。それは、せいぜい、共同体内における「生産」の場と「消費」の場の隔離にすぎなかった。ところが、工業化社会の到来は、生活の基盤であった共同体を解体し、労働によって得た賃金で生計を立てる以外にすべのない労働者を大量に輩出することになった。

　商人の介在による見込み生産や機械制大工業による生産システム、あるいは交通網の発展は、生産者と消費者の、あるいは「生産」の場と「消費」の場の分離を完全なものにした。生産者と消費者の距離は、物理的にも、心理的にも広がり、もはや生産する者と消費する者のフェース・トゥ・フェースな関係は存立しなくなってしまう。ここに、はじめて「生産」概念と対峙する「消費」概念が人格的な分離によって生まれるのである。この場合、「生産」とは、市場に売りに出すためにモノを作る行為であり、「消費」とは、市場においてモノ（最終生産物）を購入し、それを生活のために使用し、廃棄する行為である。「生産」と「消費」は、共同体の崩壊とともに、個人レベルにおいても社会レベルにおいてもその有機的な結合を失っていくのである。

2．消費社会の誕生

　「生産」と「消費」が分離したにせよ、古典派経済学の認識によれば、最終的に経済活動の目的は、消費にあると考えられてきた。たとえば、アダム・スミス（Adam Smith）は、消費を軽視してきた重商主義を批判するなかで、「消費は、いっさいの生産の唯一の目標であり、目的なのであって、生産者の利益は、

それが消費者の利益を促進するのに必要なかぎりにおいてのみ顧慮されるべきものである」[7]と断言している。

しかし、実際、生産の目的は、消費にあるのではなく、利潤追求や経営の規模拡大にある。まさに、「農村共同体を崩壊に導いた資本主義の原理は、働くことを善とする倫理観の上に個人的余剰の生産と蓄積を目的」[8]とする特質を帯びるようになっていた。少なくとも、農業社会の初期までは、生産の目的は即消費することにあったと考えられる。ところが、資本主義経済の成立は、「生産」と「消費」の分離を引き起こしただけでなく、生産の目的までも消費から遊離させてしまった。

工業化社会の到来は、社会関係をも変えてしまった。工業化が始まるまでは、社会の組織原理としては、消費者側にも大きな影響力があった。宮廷や宗教団体、平時の軍隊は、消費を中心として組織された集団であり、16世紀以前、これらの組織が社会のあり方を決めていた。したがって、このような特権的な社会において消費は、生産より優位にあった。働くことが、卑しい者のすることという価値観に裏付けられていた時代において、「消費」は、有閑階級の優雅な生活そのものを意味していた[9]。しかし、市民革命と産業革命を経て、社会のあり方は、「生産」が中心を占めるようになり、国家のあり方も、企業や労働組合などの「生産」集団によって影響を受けるようになったのである。

もちろん、ここでは、有閑階級が支配していた時代の消費生活を問題にしているのではない。一部特権階級だけでなく、その他大多数の民衆が消費財をかなりの部分、享受するようになった時代こそが、消費社会の到来にふさわしい。では、その消費社会はいつごろどのように到来したのだろうか。ここでは、イギリス社会を事例として取り上げ、消費社会が誕生した理由について4つの要因を明示したい。第1に「新企業」の誕生、第2に消費の政治的利用、第3にモノに対する価値観の変化、第4に国際的要因をあげ、検討する。

近代消費社会の起源については、近年いくつかの研究が出始めている。消費社会の誕生は、西欧の社会変容を反映した歴史的な出来事として注目を集め、「産業革命」と同様に「消費革命」が西欧社会のコンセプトを変えてきた要因であると考えられつつある[10]。その背景には、1960年代以降に輩出してきた社

会史の影響があった[11]。

　消費社会の誕生に関しては、論者によってその取り上げる時期と地域が異なっているが、ジョオン・サースク（Joan Thirsk）[12]の研究は、「生産」と「消費」の距離の問題について考えるためにいい手掛かりを与えてくれている。ここでは、彼女の研究に焦点を当ててみたい。

　サースクによれば、イギリスにおける「消費社会の誕生」は、産業革命以前の16世紀に求められる。それは、その時期に「新企業」が誕生したからにほかならなかった。ここでの新しいという意味には、エリザベス朝以前にも存在していたが技術改良によってこの時代に新しい成功を収めた企業と、完全に新しい企業の2つの意味がある[13]。そのなかには、靴下編み工業やピン等の製造業、亜麻織物業、醸造業、染料であるタイセイ（大青）の栽培、その他いくつかの事業が含まれている。また、この「新企業」の新たるゆえんは、これらの企業が貧困者に仕事を与え、海外輸入に依存していた製品を国内で自給できるようになったことにある。その結果、「家族収入は増大し、生産に従事するものは今や購入者の側に立つ機会が与えられたのである」[14]。イギリスにとって、この16世紀前半は、それまでの輸入依存体質から抜け出し、また貧困者の雇用を創出するために国家が消費用品製造業の奨励政策を打ち出したときだった[15]。「新企業」の登場は、「貴族、ジェントリ、裕福なヨーマンのみならず、農民、労働者、奉公人をも包括する消費社会の発展を予告」[16]する役割を担ったのである。

　「新企業」成功物語のなかで非常に興味深い点は、生産者と消費者の間の距離の問題にある。16世紀の人々は、生産者と消費者が市場において直接的に取引をした方が有利であると考えていた。そのために、農村地域では行商人の仲介を拒絶していたくらいである。ところが、17世紀になると、取引には多くの人手を経由した方が多くの利益を国民に与えるものだと考えられるようになっていた。それは、生産者と消費者の間にはできるだけ多くの仲介があった方がよいという経済的利益に基づく考えであった[17]。実際、消費は、この行商人の売り歩きによって、格段の伸長を遂げることになったのである[18]。そして、この行商行為は、上流階級から下層階級に至るまで、顧客層の拡大につながって

いる。
　第2に、消費社会の誕生を導いた立役者には、生産者である「新企業」のほかに消費者がいることも忘れてはならない。イギリスの16世紀後半は、消費ブームに沸いた時期だった[19]。その火付け役は、大衆ではなく、エリザベス1世と貴族であった。エリザベス1世は、権力拡大のために広大な劇場をつくる手段として、また力のある臣下を貧困にさせる仕掛けとして消費の用法を学んでいた。貴族たちは、そのエリザベスの要求に従い、自らの生き残りのために「競争的消費の奴隷」[20]と化していた。消費は、権力エリートたちの政治的な地位を誇示するための手段として機能するようになった。イギリスにおいては、消費の政治的な利用が、消費社会の誕生を促した1つの原因だったのである。
　第3に、消費ブームは、モノに対する価値観をも変貌させた。消費ブームが起こるまでは、幾世代の家族が所有し続け、使えば使うほど価値が出てくる、いわゆる「古光沢」のあるモノが、家族のステイタスを象徴していた。その代表的な家財は、家族の肖像画だった。消費ブームは、モノの価値の尺度を「古光沢」から新奇性のある「ファッション」に変えたのである。この価値観の転換により、消費社会は飽くなきまでに最新流行に敏感となっていく。
　第4に、イギリスの例を考えるとき、消費社会の到来は国内要因のみならず、海外からの要因も大きかった。イギリスは、16世紀から海外、とりわけ非ヨーロッパ世界との経済的接触を始め、商業の発展を遂げていくことになる。それまでは、毛織物の輸出が主流であったが、18世紀にもなると自国の多くの商品を海外に輸出できるようになり、また新世界やアジアから持ち込んだ物産を海外に「再輸出」というかたちで送り出すようになっていた。この一連の流れが「商業革命」[21]と呼ばれ、イギリスの工業化の前提となった。
　「商業革命」は、イギリス人の生活様式にも多大な影響をもたらした。特に、新世界やアジアからもたらされた物産がその引き金となった。なかでも、「植物のなかの女王」[22]と呼ばれた茶によって、イギリスの生活様式は一変してしまう。茶がイギリスに入ってきた17世紀中頃、それは宮廷の趣味として定着したが、やがて、上流階級から下層階級にまで飲茶の風習は広がり、東洋の茶は「西インドの砂糖とむすびついてイギリス人の国民的飲物」[23]にまでなったの

である。「商業革命」によって引き起こされたこの生活様式の変化は、「生活革命」と呼ばれ、その変化は、ロンドンから地方へ及ぶ「水平の波及」と社会の上流階級から下層階級に至る「垂直の波及」をたどっていった[24]。この現象は、まさしく消費社会の誕生が「国際社会」の形成とともにあったことを如実に示している。

3．大衆消費社会の到来

　イギリスでは、18世紀に入ると、貴族階級以外の社会集団も徐々に消費生活を謳歌するようになってくる[25]。消費による地位の象徴が、「古光沢」のあるモノからファッショナブルなモノに変遷するにつれ、社会全体が流行に敏感となり、それにあわせてモノの廃品化も進行していった。

　生産者たちは、当時形成されつつあった市場を理解し、操作するためにトリクル・ダウン（trickle-down）[26]効果を利用しつつあった。それは、消費社会が大衆化した表れだったといえる。トリクル・ダウン効果とは、消費における上位者の「差異化」と下位者の「模倣」の二重の機動力によって、商品が貴族から上流、中流を経て、下層階級へ流れることを指している。つまり、上位者は、自らの地位を誇示するためにあるモノを消費するが、やがて下位者がそれを「模倣」することによって、上位者は再び「差異化」されたモノを消費する必要に迫られ、下位者の方も再びそれを「模倣」する経路を繰り返す。ジョサイア・ウェッジウッド（Josiah Wedgwood）に代表される生産者たちは、この効果を巧みに利用することによって商品の販路を拡大しようと努めたのである[27]。

　19世紀のイギリスは、消費ブームこそ起きていないが、それは、「社会変化と消費の変化のあいだに、いっしょになって西洋の永久変容をおしすすめる、恒久的で連続的なダイナミック関係」[28]があったからだった。しかし、19世紀の消費社会は、近代的消費をさらに加速させた。百貨店の出現や百貨店が導入したクレジットは、消費者の夢を膨らませたのである。同様に、19世紀のアメリカにおいても百貨店（「消費者の宮殿」[29]）やチェーン・ストアの誕生によって、消費社会が全国的に拡大していった。この流通過程の変化は、生産者と消費者の直接的な取引交渉が消滅していく過程でもあった。

これ以降、消費社会の大衆化は、欧米や日本の社会を席巻していく。学問的な世界においても、大衆消費社会に対する研究は進み、ジャン・ボードリヤール（Jean Baudrillard）とウォルト・W・ロストウ（Walt W. Rostow）は消費社会論に大きな影響を与えてきた。

ボードリヤールによれば、消費の社会的論理は、モノの有用性（使用価値）を消費することにではなく、消費が社会的地位を規定するところに求められた。つまり、「洗濯機は道具として用いられるとともに、幸福や威信等の要素としての役割を演じている」[30]のである。そこに描かれる「消費」は、社会的地位を表象する「記号」としての役割を担っていた。

他方、ロストウは、マルクスの唯物史観に対抗する社会発展段階説を構築するなかで、大衆消費社会についてふれている[31]。それによると、経済成長の進捗状況によって成長段階は区分され、「高度大衆消費時代」は、経済成長の結果、当然到達する終着点として考えられた。そのモデルは、アメリカ合衆国の大衆消費社会に求められ、高度大衆消費時代への突入は、世界各国の社会がアメリカ化していくことを意味していた。

しかし、本章における消費社会の構造にとっての問題は、「記号」としての消費でもなく、高度大衆消費時代への一元的進化でもない。消費社会の大衆化のなかで問われるべき課題は、日常的な消費生活が一体何によって規定されているのかという社会的問題にある。

消費社会にとっての深刻なジレンマは、市場が開拓され、消費社会が豊かになればなるほど、「生産」と「消費」が乖離していくところにある。19世紀の欧米社会は、市場経済にあわせてつくられた「市場社会」[32]だった。カール・ポランニー（Karl Polanyi）は、19世紀の「市場社会」が第1にバランス・オブ・パワー・システム、第2に国際金本位制、第3に自己調整的市場、第4に自由主義的国家の以上4つの制度の上に成立していると考えていた。そのモデルは、イギリスに求められた。しかし、「市場社会」も20世紀への移行過程で終焉を迎える。当時のファシズム、社会主義、ニュー・ディールの台頭は、「市場社会」へのアンチテーゼだった。19世紀型の「市場社会」にとって問題だったのは、市場が人間の生活を生産者の部門と消費者の部門に分断していたことで

あり、それゆえ「全体としての社会は目に見えないままであった」[33]ことである。消費者問題の発生も、市場によるこの両者の分断から始まったものと考えられる。

4．消費者問題の発生

消費者問題は、基本的には、「生産」と「消費」が分離していくにしたがって徐々に発生してきた。

中世のイギリスの市場を例にとっても、そのことはあてはまる。当時の市場では、最下層の民衆にまで食物が手に入るようにするために値段は厳しく統制され、品質も厳しい法律によって保証されていた[34]。しかし、いつの時代にも不正行為はつきもので、不良食品や目方不足は絶えなかった。イーストを入れ過ぎたパン、腐敗した肉、あるいは水増ししたワインやミルク等が販売され、消費者は常にそのような粗悪品や量不足の商品に注意していなければならなかった。だからといって、消費者が泣き寝入りしていたかというとそうではなく、不正行為をした製造者、販売者には厳しい刑罰が科されていた。1316年には、あるパン屋は、不法な材料を用いてパンを作ったかどでさらし台につけられているし、また、ロンドンで腐敗した肉を売ったある肉屋は、「さらし台に首をはさまれ身動きできないまま立たされ、鼻先でその肉を焼かれる」[35]という刑罰を受けている。このように、中世社会においても消費者問題や消費者保護は散見できるのである。

さて、今日的な消費者問題の場合は、どのように問題を設定すればよいであろうか。ここでは、消費者問題が起こる3つの過程を設定したい。第1は、「市場を介した消費」過程にみられる問題である。この過程の問題が普通いわれる消費者問題に当たる。従来、その過程では商品の購買過程と使用過程で起こる問題が考えられていた[36]。購買過程においては、第1に価格問題、第2に表示問題、第3に契約問題がある。使用過程には、第1に品質問題、第2に環境問題があった。ここでは、今日的なごみ問題やリサイクル問題をも射程に入れるために、さらに商品の廃棄処分過程を加えておきたい。

第2は、「市場を介さない消費」過程にみられる問題である。これは、主に企

業の活動が市場を介さないで消費者に直接的に影響を与える場合を指している。公害問題は、その端的な例といえる。

　第3には、「生産」と「消費」の双方を規定する「政治過程」における問題がある。この場合、「生産」と「消費」が二極分化した社会は、「神の見えざる手」によって自動的に結合されてきたわけではなく、秩序維持のために「国家権力」の介入を受け入れざるをえなかったから、政治過程に消費者の利益が反映されるかどうかが大きな問題となってくる。

　消費者問題を通じていえることは、歴史的に、「消費社会」は、消費者によってよりも「生産」側の勢力と「国家」権力によって規定されてきたことである。これこそが、消費社会の構造であり、消費者問題が発生してくる原因だったのである。

　もし仮に、理論的にも経験的にも、「市場社会」のメカニズムが最終的に消費者問題を解決すると判断しても、それはあくまでも消費者問題が発生してから後のことである。購買過程から政治過程に至るまで消費者問題が発生してから、市場メカニズムが稼働しても、それは後の祭りとしかいいようがない。しかも、市場メカニズムにおける因果応報には消費者側に時間と労力が必要とされるのである。

　ところで、「生産」と「消費」の分離は、一方で消費者問題を引き起こすことになったが、他方で消費者としての「自我」が目覚める分岐点にもなった。個人が消費者としての意識をもつようになるといっても、個人の消費行動だけで消費者問題に十分対応できるものではない。消費者問題が、社会的、組織的な性質を帯びているだけに、その対応もまた社会的、組織的にならざるをえない。消費者問題を後の祭りとして済まさないためにも、消費者は、「市場社会」のメカニズムに期待することなく自らの消費生活を防衛し、さらには消費者のための「消費社会」を建設する道を模索し始めるのである。

Ⅱ．消費者運動の形成と発展

　消費者は、消費者問題を解決するために消費者自身を結集し、組織化してい

く。それが、消費者運動にほかならない。では、消費者運動にはどのような形態があるのだろうか。消費者運動は、歴史的にみても地理的にみても多様な発展の仕方をしているが、ここでは各国の消費者運動に強い影響を及ぼしてきた3つの運動に焦点を当てたい。

まず第1には、1840年代のイギリスで誕生した生活協同組合型の消費者運動、第2には、1920年代のアメリカで発生した情報提供型の消費者運動、第3には、1960年代のアメリカで誕生した告発型の消費者運動を取り上げる。運動の展開過程は、同時にそれらの運動が欧米社会を中心とした他国のモデルとして国際化していく過程であり、国際的な運動の組織化過程でもあった。次に、これらの消費者運動がどのような歴史的背景のもとで形成され、発展してきたのかを説明していきたい。

1．産業革命期における生活協同組合型消費者運動

生活協同組合型消費者運動は、産業革命が進行中であった19世紀のイギリスにおいて登場した。運動の出発点は、1844年に誕生したロッチデール公正先駆者組合（Rochdale Society of Equitable Pioneers）に求められる。しかし、その運動の淵源は、「協同組合運動の父」[37]と呼ばれたロバート・オウエン（Robert Owen）にまでさかのぼり、また、協同組合そのものの原型は、オウエン以前にも存在していた。G・D・H・コール（George Douglas Howard Cole）によると、「ロバート・オウエンは、協同運動を初めて全国的な運動にするよう鼓舞したのではあるが、協同運動の発案者だったわけではなかった」[38]のである。

コールは、イギリスでの協同組合運動の発端を18世紀中葉に求めている[39]。なぜなら、1760年に、造船所で働く政府雇用の労働者たちが、当時地域的独占を握っていた穀物製粉業者の高価格に反対して、協同組合に基づく穀物製粉所を設立していたからである。当時の対仏戦争によって、パンの値段が急上昇し、労働者の生活が困窮したときには、労働者による協同組合穀物製粉所が他の場所でもいくつか誕生していた。しかし、これらの協同組合運動は、1つにまとまることもなく、その後続もなかった。

協同組合運動が全国的に拡大するほどの影響力をもつには、オウエンの試み

を待たねばならなかった。オウエンは、労働者の困窮や堕落が、彼らの道徳的欠陥に根差しているとする社会的通念に異議を唱え、その原因が社会的環境にあると確信していた。彼は、その信念を実現するべく、1800年にスコットランドのニュー・ラナーク（New Lanark）において紡績会社をつくり、資本主義社会における工場制度ではなく、生産と消費のための生活協同体を建設した[40]。その協同体の目的は、貧しい人々を生産活動や教育を通じて変革していくことにあった。この試みは、産業化によって切り離された「生産」と「消費」をもう一度一体化させようとするものであったが、結局失敗に終わっている。

　前述したように、オウエンの協同組合は、今日の生活協同組合組織そのものの原型ではなかった。生活協同組合型消費者運動の出発点とされるのは、1844年に誕生したロッチデール公正先駆者組合であった。歴史的には、協同組合運動は、「生産協同組合」としてではなく、「消費協同組合」として成功を収めたのである。ロッチデール公正先駆者組合は、オウエン主義的な協同組合協同体を目標としていたが、その目標の準備段階にすぎない「消費協同組合」の店舗経営を重視していた。そして、結果として、その方式が成功したのである。

　ロッチデールは、イングランドのランカシャー州にある当時人口2万5千人が住む小都市であった。1840年代は、イギリスにおいて「飢餓の40年代」[41]と呼ばれた時代であり、アイルランド島におけるバレイショの凶作、ブリテン島における労働者階級の窮乏化が、その大きな原因であった。なかでも、ランカシャーやヨークシャーの綿織物、毛織物業地域は、最もひどい飢餓地帯に数えられていた。

　ロッチデールの貧しい労働者（織物工）たちが最初にとった協同行為は、他の協同組合の活動と同じく、皆でお金を出し合い、小麦粉・バター・砂糖・オートミールを共同で購入してきて、それを仲間で分け合うことであった。設立された1844年には、以上の4つの食料品だけであったが、1847年には衣料品、さらには、食肉（1846年）、靴と仕立物（1852年）が店内におかれ、1855年には卸売部門が設置された。卸売部門は、大量の商品を要求するすべての組合員の需要を満たすために、以後重要な発展を遂げていく[42]。

　これらは、消費協同組合の原点になる活動だが、ロッチデールの活動を基礎

付けたのは8つの原則だった。それらは、民主的運営、自由加入制、出資への固定的利子、購買高配当、現金取引、純粋で混ざりもののない生産物の供給、教育のための積み立て、最後に宗教上、政治上の中立性であった[43]。なかでも、6番目の純粋で混ざりもののない生産物の供給は、当時の消費者保護対策のない時代にあっては、低賃金労働者である消費者にとって極めて重要な項目であったと考えられる。

　1852年には、最初の協同組合法である「産業・節約組合法」(Industrial and Provident Societies Act) が成立し、その後、先駆者組合を模範とする消費協同組合が数多く設立された。また、オウエン主義者であるジョージ・J・ホリオーク（George J. Holyoake）らの活動により、イギリスだけでなくフランスやドイツをはじめとしたヨーロッパ諸国においてもロッチデールを模範とした「消費協同組合」が普及していくことになった。1869年には、ロンドンで開かれた第1回イギリス協同組合大会に、西欧諸国の代表が参加し、協同組合の国際的な交流が本格的に始まった。さらに、1886年のプリマスにおける協同組合大会では、フランス協同組合の代表者、E・ド・ボアブ（de Boyve）が協同組合の常設的な国際組織の建設を提案している[44]。ボアブ自身もまた、ロッチデール公正先駆者組合に強く影響を受け、フランス国内においてすでに消費協同組合を設立していた。結局、彼のイニシアティブがもとになり、1895年にロンドンにおいて国際協同組合同盟（International Co-operative Alliance、ICA）が創立される運びになった。1895年の第1回ICA大会に参加した国は、イギリス、フランスをはじめとして、イタリア、ベルギー、オランダ、スイス、セルビア、オーストリア・ハンガリー、デンマーク、ロシア、アメリカ、オーストラリア、インド、アルゼンチンであった[45]。

　ICA創立前後に議論されたのは、協同組合運動の中心を「生産協同組合」が占めるのか、それとも「消費協同組合」が占めるのかといった問題であった。オウエン以来、「消費協同組合」は、労働者が協同組合生産するための準備段階にすぎないとみなされていた。しかし、ロッチデールの組合が成功したことや、当時、社会主義への社会的圧力が強かったこともあり、「消費協同組合」が協同組合運動の中心となっていく。消費協同組合に比べて、「生産協同組合」の影響

力はますます低下していくばかりであった[46]。

　この時期の消費者の対応には、すでにみたように2通りの方法がある。1つは、オウエンの実験にみられるように、「生産」と「消費」を1つの協同体のなかで統一する方法である。ところが、この試みは、歴史の流れにはなりえなかった。

　もう1つは、ロッチデール公正先駆者組合に代表される消費協同組合の方法である。これは、当初の目標こそオウエン主義的な協同体をめざすものであったが、実質的には生産を省いた消費のみの協同体づくりに落ち着いた。この消費組合は、「生産」と「消費」を近付けようとはしたが、結局一体化までには至らなかった。ところが、その結果として、ロッチデールは成功したのである。しかし、「消費協同組合」は、依然としてオウエンの歴史的課題を背負い続けたままであることに変わりはなかった。

2．大衆消費社会と情報提供型消費者運動

　情報提供型消費者運動は、1920年代のアメリカにおいて登場した。当時のアメリカは、19世紀後半以降の工業化が花開いた時代であり、他のどの国よりも先に大衆消費社会に突入していた。「繁栄の20年代」を支えたのは、自動車、家庭用電化製品等の耐久消費財と住宅建設の大幅な需要だった。その先鞭をつけたのが、自動車産業だった。1909年に、フォードはT型車を販売し、13年には流れ作業方式を生産過程に導入したことによって一気に大量生産に踏み切っている。

　これだけの大量生産システムを維持するには、もう一方で大量消費が必要だった。この時代は、需要を自然に待っていたわけではなく、生産が増大するたびに、消費への欲求を煽り立てなければならなかった。この場合、「生産」と「消費」には、当然生産の側から橋渡しする必要があった。その役割を果たしたのが、「広告」だった。たとえば、1927年の12月にフォードは、それまでシボレーに奪われていた自動車市場を奪還するために、ニューモデルのA型車を発売した。これが、また爆発的に売れたのであるが、そのときにフォードは、総額130万ドルを投じて、2千種類の日刊紙に5日間にわたって全ページ広告を出している[47]。広告と同様に販売にとって重要な役割を担ったのが、「セールス

マン」だった。割当制度による彼らの高圧的な販売術は、消費者の購買欲を一層かきたてた。さらに20年代に流行したのが「月賦販売」であった。消費意欲をかき立てても、お金がなければ購入はできない。この信用制度が大衆消費に拍車をかけることになったのである。しかし、夢に満ちた消費社会も、1929年10月の大暴落により、そう長続きはしなかった。

　消費者の方に目を転ずると、1899年にはすでに、労働者の生活を守るために全米消費者連盟（National Consumer League）が誕生し、同連盟は労働条件の改善のために消費者の力を結集している[48]。それは、労働条件の良い企業から品物を購入し、企業に圧力をかけることによって労働者の暮らしを守っていく運動であった。20世紀初頭になると、食品の安全性が問題になり、全米消費者連盟においても食品調査委員会が設置され、非衛生な食品の規制が要求されるようになった[49]。折しも、1906年に出版されたアプトン・シンクレアの『ジャングル』は、シカゴの缶詰工場やソーセージ工場がいかに非衛生なものかを暴露し、同年の「食肉検査法」（Meat Inspection Act）と「純良食品医薬品法」（Pure Food and Drug Law）の制定につながっている[50]。この一連の動きは、「消費」の場から生産工程がみえないために生じる消費者の不安の大きさを示していた。消費者にとっての課題は、よい商品を時間とお金をかけずにいかに見抜くかにおかれるようになっていた。

　情報提供型消費者運動が登場したのは、以上のような背景においてであった。この運動は、商品テストによって、その商品情報を消費者に知らせる役割を担っていた。その背景には、テイラー・システムに代表される科学的管理法がすでに産業界に普及していたことがあげられる。なぜなら、消費者は、「消費」の場においてその合理化精神によって自らの生活をも向上させる必要性を強く感じ取っていたからである[51]。しかも、1929年の大恐慌は、いかに所得を有効に使うかを消費者に考えさせる大きなきっかけを与えることになった。同年12月には、消費者研究所（Consumer's Research Incorporation、ＣＲ）が初の商品テスト団体として発足している。

　ところが、そのＣＲは、当時の労働紛争に影響を受け、労働争議によって内部分裂してしまう。そのなかから新しい商品テスト団体、米国消費者同盟

（Consumer's Union of United States、ＣＵ）が、1936年2月にニューヨークに設立されている。以後、ＣＵが消費者問題の解決に中心的な役割を果たしていく。その牽引車になったのが、初代会長、コルストン・Ｅ・ウォーン（Colston E. Warne）であった。彼の影響力がどれほど大きなものであったかは、彼の会長職が1936年の設立から1979年まで続いたことからもうかがい知ることができる。

　ＣＵは、その設立当初から財政的には、厳しいものがあったうえに、1938年に下院に設置された非米活動調査委員会（Un-American Activities Committee）からは、ＣＵが共産主義的であるという非難さえ受けていた[52]。しかし、やがて、ＣＵの雑誌『コンシューマー・リポート』（Consumer Reports）が好調な売れ行きとなるにつれ、財政面での困難は徐々に解決されていった。この雑誌は、独自の商品テスト概念を消費者に広める重要な手段であり、彼らに健全で、偏見のない情報を与える基盤となった。また、この雑誌は、少しずつ欧米社会を中心とした海外にも流れていくようになった。

　第2次世界大戦後になると、アメリカに次いで西欧諸国も陸続と大衆消費社会を迎えるようになる[53]。戦後、アメリカ以外の国の消費者がどれほどＣＵに熱いまなざしをもっていたのかは、ウォーンが国連に提出した覚書によって判断できる。ウォーンは、1956年1月18日に国連に「消費者保護団体の国際的な発展」と題する覚書を寄せている。そのなかで、彼は、「この覚書を送らせていただいたのは、海外においてＣＵと同じような団体が著しい発展を遂げていることに、あなたがたが関心をもっておられるからです。ＣＵにいるわたしたちは、コンシューマー・リポートの発行部数が10年前の10万部以下から現在の78万部まで増えたことをよく承知しています。わたしたちの団体が発展するにつれて、消費者テストと消費者保護の考えが海外でも歓迎されてきた熱心さを、わたしたちはますます知るようになってきました。海外からの問い合わせが、イギリス、パキスタン、イタリア、南アフリカ、インド、フランス、ベルギー、アイスランド、オーストリア、スイス、イスラエル、オーストラリア、カナダ、ドイツ、ノルウェー、スウェーデン、デンマーク、オランダから寄せられてきました」[54]と述べている。この動きは、ＣＵが他国の消費者運動のモデルになっていく過程を示しており、後に1960年の国際消費者機構（International

Organization of Consumers Unions、ＩＯＣＵ。現在では、名称が Consumers International に変更されているが、本書ではＩＯＣＵと呼ぶことにする。）の設立へとつながっていく。

　さて、大衆消費社会は、大量生産、大量販売、大量消費の到来によってその幕を開けた。この時代の消費者問題は、もはや欠乏にではなく、大量に生産されてくる商品そのものに消費者が被害を被ることにあった。消費者には、豊かな生活を味わうためにこそ、多様な商品からあるものを効率的に選択できる必要性が求められた。その必要性を満たそうとしたのが、「20世紀の偉大な発明」[55]と呼ばれた「商品テスト」だった。商品テストは、「買い手危険負担」ではなく「売り手危険負担」を生産者側に自覚させていく役割を果たすことになった。その結果、消費者の主体性が徐々に確立されていくことにもなったのである。大衆消費社会において、消費者の生産者に対する主要な対応は、「協同体」の建設によるものではなく、まさしく「科学」と「情報」によって消費を守るものであった。もちろん、それは、テイラー・システムに代表されるように「生産」の場が科学的に管理、運営されるようになったからであり、「消費」の場が「生産」の場に接近するためには、その方法もまた科学的でなければならなかったからである。

3．高度大衆消費社会と告発型消費者運動

　告発型消費者運動は、大衆消費社会がさらに進展した第2次世界大戦後のアメリカにおいて登場した。

　戦後、アメリカの経済成長は、個人消費の増加を伴った。1946年には実質国民総生産が1兆969億ドル、そのうち個人消費は6550億ドル（実質国民総生産に占める個人消費の割合は59.7％）を占めていた。それが1960年には1兆6653億ドルと1兆51億ドル（同60.3％）、1970年には2兆4162億ドルと1兆4920億ドル（同61.7％）、1980年は3兆1871億ドルと2兆4億ドル（同62.7％）、1989年には4兆1441億ドルと2兆6696億ドル（同64.4％）へと増大していった[56]。1950年代には、一部高額所得者や貧困者を除いた人々の所得が、平均化していき、また、大学進学率は急速に伸びていった。これらの諸要因が、ミドル・ク

ラス的な生活様式をさらに広めていくことにつながったのである。まさしく1950年代は、1920年代と同様に豊かな社会の出発点であった。

ところが、1960年代は、一転して、「異議申し立ての時代」[57]へと入っていく。産業文明の信仰を打破する運動として中心になったのが告発型の消費者運動だった。告発型消費者運動の生みの親であるラルフ・ネーダー（Ralph Nader）にとって、その究極の目標は、産業革命を質的に変革することにあった。しかし、実際、それは決して産業社会を全否定するものではなく、ましてや社会主義革命を意味するわけでもなかった。産業社会によって出てきたひずみを、生産者の立場からではなく消費者の立場から社会的にも、法的にも是正していくことが運動の大きな目的だった。なぜならば、アメリカにおいて、個人消費の増加が示すように、消費という行為が、国内経済を動かすのに十分な影響力をもっているにもかかわらず、消費者の社会的、法的地位は依然として低かったからである。

アメリカ行政府においても、この点は認識されつつあった。ケネディ大統領は、1962年3月15日に「消費者の利益保護に関する大統領特別教書」を議会に提出している。そのなかで、ケネディは、「言葉の定義からいうならばわれわれは全部消費者である。経済機構の中で最も大きな一群をなすものが消費者であるが、公共企業であると私企業であるとを問わず、大きな影響を及ぼされるのである。経済界における全消費の3分の2は一般消費者によって行われている。このように、一般消費者は経済界における唯一の重要な一団を成しているにもかかわらず、組織されていないためにその力を発揮し得ず、その意見もときに無視されている」[58]と述べ、消費者の利益を保障するために「消費者の4つの権利」（安全を求める権利、知らされる権利、選ぶ権利、意見を聞き届けられる権利）を確定した。これ以降、アメリカの消費者行政は本格化し、消費者の権利意識は海外にも波及するのである。

しかし、1960年代には多くの消費者問題が発生しており、実際のところ、消費者の力は生産者に比べて圧倒的に弱かった。その現状を消費者の側から打破しようとしたのがネーダーだった。彼の最初の目標は、大衆消費社会の象徴でもある自動車に向けられた。1965年11月に、彼は、以前から問題となっていた

欠陥車を告発するために『どんなスピードでも自動車は危険だ』⁽⁵⁹⁾を出版する。出版された当時、この著書は45万部も売れ⁽⁶⁰⁾、自動車会社には大きな衝撃を与えた。

ネーダーの主張は、自動車の販売そのものの否定ではなく、交通事故の責任を車の買い手だけでなく、売り手にも負担させよという「売り手危険負担」を強く要求するものだった。1966年には、その余波を受けて、全国交通・自動車安全法、ハイウェイ安全法が制定されている⁽⁶¹⁾。1966年9月から1972年2月の間に、自動車業界は900件以上の回収通知を出し、この6年間で約2500万台の車が回収されたといわれている⁽⁶²⁾。この一連の流れのなかで、1970年のハイウェイ事故死者は、前年より運転総距離数が約5％伸びたにもかかわらず、前年の死者5万6400人から1100人も減少している⁽⁶³⁾。

以後、彼は、自動車のみならず天然ガス・パイプライン、食品添加物、汚染された食肉など他の製造物に対しても欠陥があるものは告発し、法律による規制を要求していった。1966年には公正包装表示法や児童保護法が、1967年には天然ガス・パイプライン安全法が成立するに至っている。

ところで、ネーダーにみられる消費者運動は、大衆運動型のスタイルをとってはこなかった。そのスタイルの特徴は、「スキルド・マンパワー」⁽⁶⁴⁾の結集にみられる。それは、多分野にわたる専門家集団を調査グループ、訴訟グループ、議会や企業の監視グループ等に分類して消費者運動を展開していくスタイルを取っている。いわば、知的エリートによる少数精鋭型の消費者運動といえる。ただ、こういう運動スタイルには同じ消費者の側から反発の声もあった。たとえば、ネーダー自身は黒人にも運動への参加を呼びかけていたが、黒人側からは、彼の運動が黒人の生活水準以上のところで展開されているという非難を受けている⁽⁶⁵⁾。

ネーダーの運動が今までの消費者運動と違うのは、消費者の利益を主張する際に、政治過程のインプットだけに力点をおいているのではなく、アウトプットにも力点をおいたところにある。それは、具体的には、「消費者保護庁」設置の要求と「集団訴訟」（クラス・アクション）の改善にみられる。アメリカ的な政治過程のモデルでいえば、利益表出（interest articulation）と利益総合

（interest aggregation）だけが問題なのではなく、政策の執行と政策の裁定に至るすべての政治過程が、ネーダーにとっては消費者の問題なのであった。彼は、1960年代後半には農務省や米連邦取引委員会（ＦＴＣ）などの官僚機構の改革に乗り出し、70年代に入ってからは消費者保護庁設置の要求を展開していった。結局、1970年代において消費者保護庁の設置はなしえなかったが、消費者の意見が政策形成過程に組み込まれ、また消費者の代表が政策決定過程に参加できるようになったことは、消費者運動のインパクトとして十分認められることであった[66]。

このように、この時代の消費者問題は、社会が大衆消費社会に入っているにもかかわらず、生産者に比べて消費者の地位が社会的に依然として低いことにあった。新しい消費者運動は、19世紀に生まれた「協同体」でもなく、あるいは20世紀初期に生まれた「商品テスト」でもなく、まさしく普遍的な「権利」によって消費者の地位向上を目指していた。その結果として、1960年代以降に生まれた消費者運動は、1930年代以降続いてきた「消費者運動＝商品テスト」[67]という固定概念の解体をもたらしたのである。これ以降、「消費者主権」という権利意識が社会的にも、世界的にも拡散していくことになった。それまで、消費者問題は、基本的には「生産」と「消費」の間の問題であったが、1960年代の運動は、「政治」の場が明確に消費者の利益を増進させ、また後退させることを印象付けた。告発型消費者運動は、その運動戦略として「政治過程」を消費者問題のなかに明確に設定したといえよう。

4．「消費社会」の再編成へ

今まで検討してきたように、欧米諸国で発生した消費者運動は、消費者の立場から「消費社会」を再編成する試みであった。その方法は、第1に「協同体」社会の結成、第2に「商品テスト」と情報提供、第3に「政治過程」への参加とそれぞれ異なっているが、どれも消費者の権利を確立し、生活の自己決定権を拡大する点では共通していた。製造物責任法の確立は、その歴史的産物といえる。

しかし、豊かさの追求、つまりは生活における簡便性、新奇性、多様な選択

肢の追求は、同時に消費者の自己決定権の縮小過程でもあった。生活の豊かさは、企業や国家への依存なくしてはもはや成り立たなくなっている。ここに、消費社会のジレンマがあると考えられる。

ところが、近年、消費社会のジレンマを一層複雑にする現象が現れつつある。それは、「消費社会」の国際化にほかならない。もちろん、消費の国際化は近年に始まったわけではなく、前述した通り国際的な交易が始まったときから続いている。たとえば、輸入品が国民生活の様式をすっかり変えてしまうことは、17世紀以降のイギリスにおける砂糖や茶の輸入の歴史からもうかがえた。砂糖の消費の拡大は、対外的にはイギリス帝国の拡大と深く連動しており、対内的には、砂糖の消費は、消費者の願望もさることながら、支配者層の経済的政治的な諸勢力によってその意味づけが規定されていた[68]。砂糖は、「象徴的な意味において、権力的」[69]であり、多くの副次的な意味を伴っていたのである。

このように、「消費社会」は、その発生以来、国際的な要因によっても規定されていた。今日の「消費社会」は、「市場経済」の国際的浸透の加速化にともなって国際化の度合を一層強めている。そして、「消費社会」の国際化は、同時に消費者運動が国際組織を結成し、消費者問題を解決していく過程でもあった。以下では、消費社会と消費者運動の国際化について検討していきたい。

Ⅲ．消費社会の国際化

消費社会が「生産」の場と「消費」の場の分離から始まったとするのなら、消費社会の国際化は、「生産」の場と「消費」の場が国境をはさんで分離したところから始まった。周知のように、第2次世界大戦以降、先進諸国間のみならず、先進諸国と発展途上国の間でも貿易や海外投資は進んでいる。ちなみに、世界全体の貿易総額は、輸出額に関してみると、1960年に1296億9100万ドルだったのが、1991年には3兆4822億400万ドル[70]と、その間に約27倍も増加している。この過程のなかで、消費社会も国際化してきた。

では、その国際化はどのような理由から引き起こされてきたのであろうか。それを、最近の日本を例にとって考えてみたい。消費社会の国際化は、大体3

つの要因から検討できる。第1に、市場開放政策により、国内市場に多くの輸入品が入ってきたこと、第2に、日本製品が海外に多く輸出されるようになったこと、第3に日本企業自身が海外に進出していったことが、その3つの要因としてあげられる[71]。さらに、これらの国際化の趨勢に付随して起こる消費者問題は、前述した通り3つの過程（市場を介した過程、市場を介さない過程、政治過程）から生じている。なかでも、輸出入基準の整合化（ハーモナイゼーション）と輸出入国間における二重基準（ダブル・スタンダード）は、国際的な消費者問題になっている。以下、それぞれについて検討していきたい。

1．国内市場の国際化

近年、日本の国内市場が急速に国際化していったのは、プラザ合意以降の円高をきっかけとしていた。内外価格差の問題はいまだ残っているにせよ、円高によって国内の消費者は、その購買力に応じて海外から多くの商品を手にできるようになった。ちなみに、1985年の輸入額は、1295億ドルであったが、3年後の1988年には1875億ドルに増加している[72]。その内訳をみても、食料品や衣料品等の非耐久消費財だけでなく、自動車や家電製品等の耐久消費財も大幅に増え、輸入製品の種類が多様化している。この一連の国際化は、基本的には消費者の利益につながってきたが、同時に輸入製品に対する問題が生じるにつれ、消費者の不安をも高めてきた。

政府レベルでは、1989年に国民生活審議会の消費者政策部会が、「国際化時代の消費者政策検討委員会」を設置し、消費生活の国際化に関する調査に着手し始めた。1990年の10月には、同委員会から『国際化時代の消費者政策について』[73]という報告書が提出されている。報告書の骨子は、消費生活の国際化が必然的な方向であり、消費者が国際化によって最大限の利益を享受できるように消費者政策を充実させていくところにあった。

もちろん、同報告は輸入品の増加に伴う消費者の不安についても3点ほどふれている。第1に、輸入品の安全性と品質の問題は大きく、とりわけ輸入食品への不安は高くなっている。1985年に起きた輸入ワインのジエチレングリコール混入事件や1986年のチェルノブイリ原子力発電所の事故による輸入食品の放

射能汚染、あるいは残留農薬、ポスト・ハーベスト（農薬の収穫後使用）、食品添加物等、輸入食品に関する問題には事欠かない。輸入食品以外にも、化粧品、自動車、玩具等に関する相談が国民生活センターに寄せられている[74]。

　第2には、輸入品の表示に関する問題がある。たとえば、農林水産省の買取調査（1988年）によれば、検査対象となった輸入品185件のうち115件に不適切な表示がみられた[75]。それらは、農林物資の規格化及び品質表示の適正化に関する法律、不当景品類及び不当表示防止法、家庭用品品質表示法等が定める表示の規則を満たしていなかった。とりわけ、消費者が輸入品購入に際して関心を抱いていたのは、商品の原産国表示だった。原産国表示があるからといって安全かというと、簡単にそうともいえない。なぜなら、「二重国籍食品」[76]に関しては、依然として大きな問題がみられるからである。たとえば、タイや韓国から味付けなしのせんべいが日本に輸入されているが、米の調整品（味のついていないせんべい、五目ピラフ、おかゆ等）は、自由化品目のなかに入っているので、それを日本に輸入し、味付けすれば、立派な日本製になる。ビスケットの例でも、アメリカ産の小麦を使って韓国で製造し、それを日本に輸入した場合、それも原産国は韓国となってしまう。同様な問題として、チェルノブイリの事例にみられるように、汚染地域で生産されたものが第3国で加工されれば、原産国は汚染地域の国ではなく第3国になることである。

　第3には、輸入品のアフターサービス、苦情処理の問題がある。1989年5月に公表された消費生活アドバイザー輸入問題研究グループの調査によれば、81％の人が輸入品に不安を抱いている。さらに、同年9月の国民生活センターの調査でも、輸入品に不満、被害のあった人のうち苦情を申し出なかった人の割合は、食品で8割、製品で7割を占めていた[77]。

　「生産」の場と「消費」の場が国境によって分断されれば、このような消費者問題が起こるのも当然といえる。消費生活における法的な基準や生活様式が国ごとに異なっている以上、市場開放をする際、消費者問題は必然的に起こる。問題への対応の仕方も、輸入品を受け入れるか、それとも拒否するかによって根本的に変わってこよう。

　ところで、戦後日本における国内市場の国際化は、1985年のプラザ合意に始

まったわけではない。確かに、1985年以降の国際化は、国内の消費生活を急速に変えていったが、それは少なくとも以前から続いていたことである。戦後の国際化の出発点は、日本がガット（GATT、関税及び貿易に関する一般協定）に加盟した1955年に求められる[78]。国内市場の国際化は、プラザ合意以降の円高現象にその原因を求めるより、戦後ガット体制の枠組みのなかでみる必要があろう。つまり、戦後の消費生活は、ガット体制下における国際基準の整合化によって大きく影響を受けているからである。

　ここでは、農林水産物の輸入自由化を例にとって考えてみたい。戦後日本の開放経済体制は、日米安保体制下における経済協調路線にその出発点があった。本格的な貿易自由化は、1960年の「貿易・為替自由化促進一般協定」の閣議決定以降のことである[79]。その結果、1962年4月の段階では103品目もあった農林水産物の非自由化品目が、同年末には81品目に激減している。そのときには、鳥卵、繭、生糸、真珠等が自由化品目の対象だった。1963年には、日本はガット11条国になり、もはや、国際収支を理由に輸入数量制限を行うことができなくなっている。1968年には、「両3年中にかなりの分野について自由化を行う」旨の閣議決定がなされ、1971年には輸入制限品目数が28にまで激減している。1991年になると、牛肉、オレンジ等が自由化品目の対象となり、さらに1992年段階で制限品目数は13にまで落ちた。

　このように、日本の食生活がたどってきた道のりは、ガット体制下における農産物純輸入国への過程だった。実際、輸入制限品目の減少に並行して、輸入食品の増加は著しく、「昭和50年の輸入件数（約25万件）を100とした場合、昭和55年は128（約31万件）、昭和60年は156（約39万件）、昭和63年は264（約65万件）」[80]と13年間で約2.6倍も増えている。その結果、供給熱量自給率[81]は、低下の一途をたどり、1965年度から1991年にかけて73％から46％に減少している。その理由としては、第1に、米の消費が大幅に減ったこと、第2に、食の洋風化によって畜産物や油脂類の消費が増加したこと、第3に、小麦、魚介類に関しては、国内供給の減少を補うために輸入量が増えたこと、以上の3つがあげられる[82]。

　輸入食品の増加は、日本の食料消費の構造とも無関係ではない。たとえば、

食料費支出の構成比を例にとってみると、1965年における支出は、穀物が19.3％、生鮮食品が33.2％、加工食品が47.5％だった[83]。それが、1988年になると、穀物が8.7％に、生鮮食品が34.6％に、加工食品が56.6％に変化しており、他の食品に比べて加工食品の増加が著しい。

　この加工食品の氾濫を促してきたのが、輸入食品の増加だった。輸入食品の8割は、加工食品の材料に回されている[84]。献立材料は家庭が作り出したものではなく、企業がすでにお膳立てしたものになっている。「お袋の味」が「袋の味」[85]（パック化された食品）へと変化しつつあるなか、食生活の見直しが、健康問題、社会問題として提示されていることは言うまでもないであろう。

　輸入食品の増加が、日本国内だけでなく、海外の生活や環境に影響を及ぼしていることもすでに知られている。1990年に、食品の輸入額で首位に立ったのは、エビである。その総額は、28億3200万ドルにもなり[86]、それはまさしく大量の「空飛ぶエビ」[87]ブームを物語っている。ちなみに、第2位はとうもろこし、第3位は牛肉、第4位はアルコール飲料、第5位は豚肉だった。エビの輸入額は、1986年からとうもろこしを抜いて首位の地位にある。1988年当時においては、エビの輸入額は実に鉄鉱石の輸入額に匹敵し、その額は、約28億5千万ドルに達した[88]。エビの輸入増加は、第1に東南アジア等の原産地国において養殖漁業の拡大が供給を安定させたこと、第2に日本側においてグルメブームが需要を伸ばしたことの2点と深く結び付いている[89]。もちろん、エビの養殖が生産地国におけるマングローブ林の破壊、水の汚染、地盤沈下の発生をもたらしていることはよく知られているところである。

　今まで議論してきたように、戦後、日本の消費生活は国際政治の動向とは無関係ではなかった。市場の国際化に伴う国際基準の整合化は、生活様式の標準化をもたらし、消費生活に大きな影響を及ぼしてきた。なかでも、食生活の変化は、国内的な要因によってのみ影響を受けるものではなかった。消費生活は、円高、ガット体制下の市場開放、海外からの規制緩和の要求（添加物の規制緩和等）等にみられるように、国際政治のあり方によっても変わってこざるをえなかったといえよう。

2．製品の輸出

　ここでは、自国の製品が海外に進出していった場合に起こる消費者問題を取り上げていきたい。このケースで重要な問題は、製造物基準の厳しい国から、基準が未整備な国、あるいは基準がない国に製造物が輸入される点にある。それは、先進諸国間よりも、とりわけ先進国と途上国との間でよく起こる消費者問題といえる。よくあるケースは、「生産の場」が先進国にあり、「消費の場」が途上国にある場合である。

　では、一体どのように問題が起こっているのだろうか。たとえば、日本の事例を考えてみると、そこに1つの縮図がある。1971年に農林省令で販売、使用が禁止された農薬BHC（有機塩素系の殺虫剤）は、製造技術が輸出され、その後もマレーシアの日系合弁企業で製造、販売がなされていた。あるいは、副作用のために製造、販売が中止された解熱鎮痛剤スルピリン入りの薬品を、その後もタイやインドの子会社で製造、販売していた事例もある[90]。なぜ、そうなったのかというと、1つには、日本の国内法規制に問題があったからといわれている。つまり、薬事法も農薬取締法も、それぞれ製造、販売、輸入については規制をしているにもかかわらず、輸出に関してはどれも適用除外の取り扱いをしていたからである[91]。この問題は、一般的に二重基準問題と呼ばれ、国際的な消費者問題の大きな原因となっている。

　法規制の問題だけでなく、途上国の社会的環境を無視した販売も消費者問題の国際化につながっている。そこにみられるのは、洋の東西を問わない消費生活における簡便性の追求である。化学調味料や人工乳幼児用栄養物としての粉ミルク、さらには栄養価のほとんどないジャンク・フード（junk food）等の氾濫は、先進国型の消費生活を反映しており、途上国における消費社会のあり方に大きな影響を及ぼしている。

　途上国における化学調味料の普及は、伝統的なスープ作りや味付けにみられる食文化を変化させつつある。たとえば、「タイの代表的なスープのトム・ヤム・クン（魚醤油と香辛料、柑橘類、エビやカニ、白身の魚などのスープ）やインドネシアのバンドン麺、マレーシアのラクサ（ニワトリや魚を煮てスープをとり、さらにココナツミルク、魚醤油、香辛料を加えて煮込む）」[92]などに

も、化学調味料が入れられ、調理されている。それらのスープは、以前と異なり2、3時間で簡単に出来上がり、もはや共同でつくる必要性がほとんどなくなっている。そこにあるのは、味の多様化ではなく、画一化であり、共同体の崩壊にほかならない。化学調味料の消費は、重苦しい伝統や村落共同体への決別を意味し、「未来のライフスタイル」を志向することを意味しているのである[93]。

　途上国における粉ミルクの普及も、1970年代以降にみられた消費者問題の1つだった。粉ミルクの過剰なまでの販売攻勢は、途上国の社会的環境を十分配慮したものとはいえなかった。粉ミルクは、あくまでも先進国の生活基盤のなかから生まれてきた簡便な商品である。粉ミルクそのものには毒性がないにしても、その使い方によっては、乳幼児に被害を与える可能性が高かった。それが途上国で販売された場合、哺乳便を洗浄する熱湯がなかったり、不衛生な水で溶いたり、あるいは説明書が十分読めず節約のために粉ミルクを薄めたりと、常に乳幼児に与える危険性が高かったのである[94]。

　二重基準の問題は、先進諸国で販売されている商品が、生活環境のまったく異なる途上国において販売された結果、発生する問題だった。化学調味料、粉ミルク等の簡便な商品の普及は、イギリスや日本の場合と同様に、家庭生活のみならず社会的環境や個人のアイデンティティまでも変えていく。ましてや、先進国から途上国に商品が輸出されてくる場合、法的規制の面、商品知識の面、あるいは生活基盤の面で違いがあるため、消費者に与える被害もより大きいといえる。

3．企業の海外生産

　ここでは、「市場を介さない消費」過程における消費者問題について考えたい。事例として、日本企業の海外進出を取り上げる。

　日本は、円高による対外直接投資の拡大を過去3回経験してきた[95]。第1期は、1969年度から1973年度にかけて、対外直接投資額が累計で83億ドル、第2期は、1978年度から1984年度にかけて、同492億ドル、第3期は、1986年度から1990年度までで、直接投資累計額が2272億ドルにも上っている。このように、第3期の海外進出は過去に例をみないほどの額になっている。また、1989年度

からは、日本の対外直接投資額が世界の首位に立っている。1985年秋以降の円高は、国内市場の国際化に火を点けただけでなく、国内企業の海外進出にも大きな影響を与えたといえる。

1991年に通産省が行った調査[96]によると、海外現地法人の地域別分布状況は、アジアが36.7％、北米が28.6％、ヨーロッパが20.9％であり、この3地域だけで全体の86.3％を占めていた。製造業だけをとってみると、アジアが51.5％、北米が23.8％、ヨーロッパが14.8％であり、全体の半数以上がアジアに集中している。また業種別にみた場合、製造業が42.7％、商業が30.9％、サービス業が6.2％になっている。

対外直接投資で重要なのは、輸出を現地生産におき換える効果があることであろう。日本にとって、それは長期的には貿易黒字の縮小につながり、海外にとっては雇用の創出、技術移転、競争力向上につながる。最近では、欧米やアジアから日本の投資を要請する傾向が強くなっている。とりわけ、日本にとって、アジアは欧米諸国よりも成長率が高く、低価格製品の生産拠点として重要性が高くなっている[97]。

しかし、海外進出の規模が大きくなれば、それによって引き起こされる経済摩擦、公害、消費者問題等も大きくなる可能性がある。実際、このような諸問題を克服するために、通産省も「良き企業市民」[98]という言葉を使って、現地社会への貢献、融和を海外法人企業に求めているほどである。

さて、現地の消費者からみて重要なのは、海外法人企業がどのように環境問題に配慮しているかであろう。なぜなら、インドのボパール市における多国籍企業のガス漏れ事故（1984年12月発生）が象徴するように、進出企業の対応次第で現地の住民生活に甚大なる被害がふりかかってくるからである[99]。

日本の場合はどうであろうか。同じく、通産省の調査[100]によれば、環境問題への対応で、約9割の企業が「特に問題はない」という回答をしている（回答のあった製造業現地法人2483社のうち2222社）。対応のあった企業のうち（表1-1）、全地域でみると、「政府等公的機関から指導」が60.5％、「周辺地域の住民から苦情」が14.9％、「提訴された」が3.4％、「業界団体から指導」が3.1％だった。地域別でみると、「政府等公的機関から指導」で最も高かったの

は、北米の70.3％、「周辺地域の住民から苦情」では、アジアの16.7％が他の地域に比べて高かった。

次に、現地法人がどのような対策をとっているのかが問われる。それを示しているのが、表1-2である。全地域でみると、「進出先での法令を遵守」が62.6％、「事業の内容から必要が無い」は18.3％、「特に行っていない」が11.6％、「法令以上の対策を実施」は7.5％になっている。地域別でみると、「法令以上の対策を実施」はアジアが他の国よりも高く、9.5％になっている。

表1-1　環境問題別分布

	周辺地域の住民から苦情（％）	業界団体から指導（％）	政府等公的機関から指導（％）	提訴された（％）	その他（％）
全地域	14.9	3.1	60.5	3.4	18.0
北米	8.1	2.7	70.3	6.8	12.2
アジア	16.7	3.0	57.6	3.0	19.7
ヨーロッパ	14.3	－	61.9	－	－

表1-2　環境対策別分布

	事業の内容から必要が無い（％）	特に行っていない（％）	進出先での法令を遵守（％）	法令以上の対策を実施（％）
全地域	18.3	11.6	62.6	7.5
北米	19.5	8.7	66.1	5.7
アジア	17.0	12.1	61.4	9.5
ヨーロッパ	22.3	13.3	60.2	4.2

出所）通商産業省産業政策局国際企業課編『我が国企業の海外事業活動（第21回）』1992年

アジアにおける「法令以上の対策」の割合は、確かに他の地域に比べて高いが、それは、北米とヨーロッパの環境基準がもともとアジア地域よりも高いから当然ともいえる。現在のアジア地域の環境基準は、悲惨な公害を経験してきた先進諸国に比べて十分なものとはいえない。アジアにおいて「進出先の法令を遵守」する割合が高くても、それは、海外現地法人が日本の環境基準よりも低レベルの基準を遵守しているにしかすぎない。もちろん、それは現地では合

法的である。しかし、それでは、かつて自国で起こった公害問題が、海外で発生する可能性を残すことになる。もし発生すれば、先進諸国の公害問題と同様に、地域住民の消費生活は、大きな被害を被るであろう。そして、それは実際、「公害輸出」というかたちで起こってきた。

以下では、マレーシアのＡＲＥ（エイシアン・レア・アース＝アジア希土）問題を事例に取り上げ、公害輸出が及ぼす消費者問題について考えてみたい。

1970年代以降、日本国内での環境規制が厳しくなるにしたがって、一部の日本企業は、現地法人や現地企業との合弁による多国籍企業というかたちで、特に公害規制の緩い東南アジア方面に進出してきた。ＡＲＥ問題は、そのなかで発生した。

ＡＲＥ社は、1979年に鉱石精製会社として設立され、1982年に操業を開始している。それは、日本企業が35％出資してつくったマレーシアとの合弁会社だった。ＡＲＥが精製、抽出しているレア・アースとは、テレビのブラウン管や半導体等の材料として使われ、ハイテク産業には不可欠な物質である。マレーシアで抽出されたレア・アースは、日本に逆輸入されている[101]。問題は、このレア・アースの生産過程で、放射性物質のトリウムや鉛を含んだ廃棄物が出てくることにある。トリウムの半減期は、140億年といわれているぐらい、廃棄物としては非常にやっかいな性質のものなのである[102]。

日本においても、1960年代の公害反対運動によって、この放射性物質は大きな問題として取り扱われた。1968年の原子炉等規制法の改正後、厳しい法規制が課され、1971年以降、日本ではレア・アースを精製、抽出する生産工程はなくなっている[103]。日本企業がマレーシア進出を考えたのは、その直後の1973年のことだった。

ＡＲＥ社のとった環境対策は、ずさんだったといわれている[104]。同社は、操業開始前にもなんらの環境アセスメントもせず、また、開始後も放射性物質の管理に関して無責任な態度だった。放置された放射性物質は、大気や食物を通じて地域住民（イポー市郊外のブキ・メラ地区）の体内にまで侵入し、甚大な被害を及ぼしている。たとえば、その被害は、子供たちの白血球の異常減少、あるいは異常出産として噴出し、家庭生活はおろか、地域社会の崩壊にまで発

展していった。かつては、人口1万人が住んでいたブキ・メラ村も1980年代末には7千人に減少している。

　1985年2月になってようやく、ＡＲＥ工場付近の住民が、同工場から出された放射性物質の影響で健康被害を受けたとして、操業停止や損害賠償等を求めて提訴した。住民原告の1人は、「日本の企業は危険な物質の管理と規制をきちんとやれる技術があるにもかかわらず、それをしなかった」[105]として、日本の企業行動を強く批判している。7年後の1992年7月11日に、マレーシア高等裁判所は、同工場の操業停止と放射性廃棄物の撤去を命じた。判決は、「1982年の操業開始から85年までの間、同工場での有毒な放射性物質の貯蔵と管理は、ずさんで、過失による不法行為にあたる」とし、また、放射性物質の取り扱いはマレーシアの国内法で許可された、とする会社側の主張に対しては、「許可を得たからといって、不法行為が認められるわけではない」として退けた[106]。しかし、1993年12月23日にマレーシア最高裁は、高裁の判決を破棄し、操業を認める判決を下している。

　地元住民運動のリーダーは、1989年9月に東京で開かれた第9回日本環境会議の席上において、「なぜ日本でできないことを他の国でやるのか」[107]と訴えている。このケースにみられる「生産」の場の論理は、「二重基準」にほかならない。国際的な消費者問題の1つの原因は、この二重基準にある。たとえ、ＡＲＥのような問題が起きなかったとしても、自国の法規制によってできないことを法規制の緩い他国で行っている国際社会の構造に変わりはない。

　さて、以上、消費者問題の国際化について検討してきたが、その要因とは、第1に市場の国際化であり、第2に製品の輸出であり、第3に企業の海外生産であった。

　第1に関して、市場の国際化は、ガット体制の枠組みのなかで進行している現象といえる。その際、「生産」の場と「消費」の場は、比較優位に基づいた自由貿易への信仰によって、切断されてしまう。国際分業体制のもとで、自分で作ったものを自分で消費する古典的な生活様式は、崩壊の方向へ進んでいる。さらに、ガットでの交渉にみられるように、「消費」の場は、「生産」の場からだけでなく、「政治」の場の力学によっても影響を被るようになってきた。ガッ

ト体制下における輸出入基準の整合化は、製品の標準化が生活様式の標準化を帰結する契機となっているからである。

　第2に関しては、先進国における「生産」の場から途上国における「消費」の場へと製品が移行するときに、消費者問題が発生しやすかった。なぜなら、そこには、法規制と社会的環境に落差があったからだった。二重基準の問題は、その端的な例である。「生産」の場の規制と「消費」の場の保護がなされなければ、両者の距離は縮まらないであろう。

　第3に関しては、基本的には第2と同様の問題であり、製品が企業に変わっただけである。ただ、ここでの問題は、二重基準にとどまらず、多国籍企業が消費のあり方と生活様式に強い影響力を及ぼすようになってきたところにある。

　このような国際的な消費者問題に対して、消費者の側も国際的な対応をとってきた。次に、国際消費者運動の展開について論じていきたい。

Ⅳ. 消費者運動の国際化

　国内社会において、消費者が運動を結成するのは、「消費」の場の権利と利益が「生産」の場によって侵害されているからであり、個人の消費行動では組織的な企業に十分対応できなかったからである。さらに、価値の再配分を行う「政治」が、「生産」の利益に傾斜しがちであるからこそ、その対抗勢力として、消費者運動は発展してきた。もし社会が生産者優位の価値観から消費者優位にシフトすれば、あるいは、「政治」が消費者優位の観点に立つのなら、消費者運動は発展することもないであろう。それは、運動が制度化された後の宿命でもある。国際的な消費者運動も、そのような歴史的過程のなかに位置付ける必要がある。

　消費者問題の国際化は、依然進行中であり、確かに、その問題に対する消費者の対応は、国際的に制度化されたものではない。それでは、消費者は、どのように国際的な消費者問題に対応してきたのだろうか。これまでには、主に4つの方法がとられてきた。まず第1に、消費者自身が企業にかわって自力でオールタナティブな「生産」の場をつくり、あるいは商品を供給する方法がある。

第2に、とりわけ途上国における「消費」の場の権利を保障すること、第3に多国籍企業が消費者保護の立場に立つこと、第4に消費生活に影響を及ぼす国際政治の場に消費者の代表が参加することがあげられる。第1の方法は、生活協同組合型であり、第2から第4までの方法は、情報提供型と告発型の歴史的流れを汲んでいる。ここでは、この4つの方法を取り上げ、国際消費者運動の展開過程について説明していきたい。

1．オールタナティブ貿易

　消費者の対応の1つに、オールタナティブ貿易がある。それは、消費者自身が企業にかわって貿易をすることを意味している。国際的な産地直送取引は、その代表例であろう。国際社会においては、国際協同組合同盟（ICA）がその主役を担ってきた[108]。

　ICAが創立されたのは1895年のことだが、ICA自身が消費者問題のために独立の作業部会をもつに至ったのは、近年になってからのことである。ICAが消費者保護の必要性を議論したのは、1957年の第20回ストックホルム大会においてだった。その発端になったのは、フランスの生活協同組合が大会動議として提出した「協同と健康」[109]だった。その決議文は、「協同組合運動があらゆるところで消費者保護の義務」を担っていることを訴えている。この大会の動議は、当時のヨーロッパが大衆消費社会に突入していたことを反映していた。

　この動議がもとになって、1962年にはICA組織内部に初の消費者作業部会が設置され[110]、1973年には同作業部会が消費者政策機構（生協委員会）[111]に改組されている。1969年の第24回ハンブルク大会においては、「消費者権利宣言」が採択され、消費者保護のための一層の努力がなされた[112]。この宣言の起草者、コーラー博士（R. Kohler、スイス）によれば[113]、「消費者権利宣言」は、国連の人権宣言と、1962年にケネディ大統領が議会に送った消費者保護教書を念頭において作成されたものである。

　ICAが本格的にオールタナティブ貿易を開始したのは、この一連の消費者保護活動を経て後のことである。ICAは、1970年に消費者協同組合流通取引

国際機構（International Organization for Consumer Co-operative Distribution Trades、インターコープ）を設立し、国際的な協同組合間貿易に乗り出す[114]。その設立の背景にあったのは、当時、多国籍企業の進出が各国の生活協同組合の脅威になっていたからだった。1972年の第25回ワルシャワ大会では、「多国籍企業と国際協同組合運動」[115]が大会テーマとして取り上げられている。しかし、インターコープは、世界市場における食糧や日常製品の共同購入に努めてきてはいるが、いまだ商品数も限られ、地理的にもヨーロッパを中心としているところに限界がある。

この限界は、生活協同組合の国際化だけでなく、他の協同組合の国際化にもあてはまる。現実的には、「多国籍の協同組合の数がわずかである」こと、「さまざまなタイプの協同組合の間で国際的な経済関係が少ない」こと、さらには「協同組合の国際的な金融関係が少ない」ことがあげられる。その背景には、4つの問題があるといわれている。第1に、協同組合の活動は、基本的に地域中心、国内社会中心の形態をとっていること、第2に、協同組合の代表者たちが、自分の母国語以外の言葉をほとんど話せないこと、第3に、ある国の協同組合と別の国の協同組合が暗黙のうちに競争をしてはならないこと、第4に、協同組合組織は、経済の国際化を進める場合、時間のかかる参加民主主義的な話し合いの場をもたなければならいこと、以上の4つの問題が協同組合の国際化を遅らせている原因といわれている[116]。

オールタナティブ貿易は、協同組合組織だけでなく、草の根レベルでも試みられている。バナナの草の根貿易はその一例であろう[117]。いずれにせよ、今のところ、多国籍企業に匹敵できるオールタナティブ貿易はない。もしあったとしても、それは、なんら多国籍企業と変わらず、その存在意義はなくなってしまうものになるであろう。欧米先進諸国における生活協同組合の倒産、あるいは株式会社化は、そのことを如実に物語っているからである[118]。

2．南北問題と消費者運動

国際的な消費者問題の大きな原因に、「二重基準」があった。この問題が顕著に現れるのは、農薬や医薬品等が先進国から途上国に輸出されたときである。

その際、途上国の消費者は、法規制の点でも商品知識の点でも、無防備なままであり、それは一種の南北問題でもあった。そこで、二重基準を解消するためには、どうしても普遍的な消費者保護の基準が必要になってくる。この課題に取り組んだのが、国際消費者機構（ＩＯＣＵ）だった。

ＩＯＣＵは、1960年にオランダのハーグで誕生した。設立当初のメンバーは、欧米諸国の消費者団体（米国消費者同盟（ＣＵ）やイギリス消費者協会等）が中心であり、途上国のメンバーは皆無だった[119]。初期の活動は、商品テストと先進諸国間の情報交換にあり、それはＩＯＣＵの生みの親が米国消費者同盟であることの反映でもあった。

しかし、ＩＯＣＵは、設立されて4年後にはすでに途上国の消費者問題に関心を持ち始める。1964年の第3回オスロ大会において、イギリスの会員から途上国に消費者団体のないことが指摘されたからだった[120]。ＩＯＣＵがさらに、積極的に途上国の消費者問題に取り組むようになったのは、1970年の第6回バーデン大会以降のことである[121]。同大会で、はじめてジャマイカ出身の会員から二重基準の問題が提議されたからである。これをきっかけとして、ＩＯＣＵは、二重基準の問題を克服するために、国連を通じた普遍的な消費者保護基準の草案作り、採択に力を注いでいく。

国連への働きかけで画期的だったのは、1975年の第8回シドニー大会のときだった[122]。そのとき、ＩＯＣＵは、国連に対し、加盟国における消費者保護の現状報告の提出、消費者保護モデル法案の採択推進、およびその実施について監視する消費者保護機関の設置等を要求している。1976年には、ＩＯＣＵが自らのロビイストを通じてシドニー大会で決議した要求を国連経済社会理事会の多国籍企業委員会に提出している[123]。同年の経済社会理事会で、ＩＯＣＵは消費者保護ガイドラインの定式化を検討することを要求した。

国連が本格的に消費者問題の調査に着手するのは、1977年になってからだった。それは、国際レベルでもようやく「消費者」が意識され始めたことを意味している。経済社会理事会は、同年の1月に決議204（ＯＲＧ－77）によって、行政調査委員会（Administrative Committee on Co-ordination、ＡＣＣ）に消費者保護に関する国連システムの諸活動を調査し、第63会期の理事会で報告すること

を要請している[124]。IOCUは、同会期に当たって、国連事務総長に「消費者保護に対する国連の包括的政策と総合的アプローチに向けて」[125]と題する意見書を提出し、消費者保護の必要性を重ねて要求した。その意見書が示唆している点は、国連が首尾一貫した消費者保護政策を取らなければ、途上国はもとより先進国においても消費者問題は解決されないことにあった。

　それ以後、国連における消費者保護の取り組みが始まる。1977年には、経済社会理事会が決議2111（LXIII）[126]によって、事務総長に消費者保護に関する制度的、法的取り決めを調査し、報告することを要請した。それを受け、翌年には、事務総長が国連加盟国の消費者保護に関する制度的取り決めと立法化の現状について報告している[127]。調査によって明らかにされたのは、途上国において消費者保護に関する法律上、行政上の取り組みが遅れている点だった。1981年には、とりわけ途上国の消費者問題に配慮した事務総長リポート[128]が提出されている。さらに、同年、経済社会理事会は、事務総長に消費者保護ガイドラインの原案を1983年の通常会期までに作成することを決議によって要請した[129]。それは、途上国における消費者保護の必要性をとりわけ考慮することに力点がおかれている決議だった。

　1982年には、ガイドラインの原案が加盟国政府に配布され、修正を経た後に、翌年、1983年にガイドラインの原案が経済社会理事会で議論された。しかし、採択されるまでには至らなかった[130]。その理由は、国際的な企業と多くの工業国が原案に難色を示したからだった。多くの途上国はこの原案に賛成したが、アメリカは原案に強く反対した。アメリカは、原案を政府規制が強いために、企業の活力をそぎ、自由主義経済そのものを脅かすものと受け取っていたからである。

　IOCUは、ガイドラインが作成される前と後で、大会においてガイドラインの採択に強い要求を行っている[131]。IOCUがとった政治戦略は、元アメリカ大統領消費者問題特別補佐官エスター・ピーターソン（Esther Peterson）を中心としながら積極的に国連ならびにアメリカ合衆国政府に圧力をかけていくことだった[132]。IOCUにとって、ガイドラインの採択は二重基準問題を解決するうえでも是非とも成し遂げなければならない課題だったからである。

1983年以降、国連は、加盟国政府だけでなく、ＩＯＣＵと国際商工会議所（International Chamber of Commerce、ＩＣＣ）からの提案なども受け入れながら、原案の修正を重ねていく[133]。結果的には、1985年4月9日に、国連総会は「国連消費者保護ガイドライン」を採択した[134]。ガイドラインは、あくまでも消費者側と生産者側の妥協の産物にすぎなかった。つまり、ガイドラインには、どの国も消費者保護を口実にして保護主義にならないこと、あわせて企業の責務だけでなく、企業が消費者保護に果たす役割をも認めることが明記されていたからである。このように、ガイドラインは、ＩＯＣＵが要求していた事項すべてを網羅していたわけではなかった[135]。

　しかし、このガイドラインは、世界各国の消費者保護に関してその有益性を少なくするものではなかった。とりわけ、途上国政府に対しては参考となる消費者保護政策の基本的枠組みを提供してきた。実際、1992年に提出された国連事務総長の報告書のなかでは、途上国を中心としたいくつかの国がガイドラインを参考にして消費者保護政策を実施しているケースがあげられている[136]。また、同報告は、途上国が消費者保護への取り組みをする際に、ＩＯＣＵの協力が重要になってきていることをも確認した。国連が、ガイドライン普及のために行った2回の消費者保護セミナー（1987年のモンテビデオ・セミナー、1990年のバンコク・セミナー）にもＩＯＣＵの協力は欠かせなかったからである[137]。

　以上のように、ガイドラインは消費者保護の万能薬ではないにしても、途上国における消費者保護政策の指針になってきたことは確かである。また、国際レベルにおける消費者の権利を普遍的なものにする役割をも果たしてきた。しかし、それには依然として限界があることも認めなければならない。なぜならば、先進工業国はもとより、途上国においてもその社会のあり方は、いまだ生産者優位であることに変わりはないからである。消費者にとっての課題は、「買い手危険負担」ではなく「売り手危険負担」に社会意識が変化することにある。この課題は、消費者が多国籍企業との関係に直面することを意味している。そこで、次に、消費者運動がどのように多国籍企業に対応してきたのかを論じていきたい。

3．多国籍企業の対抗勢力

現在、多国籍企業の活動はめざましく、世界貿易の80％は多国籍企業によるものといわれている[138]。多国籍企業が世界の経済成長、技術の普及、あるいは雇用の創出等で果たす役割は大きく、その傾向は強くなっている。しかし、消費者の側からみると、多国籍企業には、経済的な効果があるだけでなく、とりわけ二重基準によって進出してくる場合、それは、公害輸出や有害商品、欠陥商品等の製造、販売にもつながった。それだけ、多国籍企業が消費者に与える影響は大きくなっている。

ＩＯＣＵが、多国籍企業の影響について認識するのは、1970年の第6回大会のときだった。前述したように、このときに、途上国における二重基準が問題とされたからである[139]。同年、ＩＯＣＵは多国籍企業に関する意見書を経済社会理事会に提出している[140]。意見書で確認されているのは、現在の経済と政治のシステムでは多国籍企業による市場権力の乱用から消費者を守ることができないということだった。同時に、経済社会理事会とその他の国連機関がこの乱用から消費者を保護するために、体系的なルールとＩＯＣＵをつくることが必要だと国連に要求している。

国連が多国籍企業の役割と影響について調査を開始したのは、1972年のことである。そのとき、経済社会理事会は、多国籍企業の役割と影響を調査するために「賢人会」の任命を事務総長に要請した。1974年には、賢人会が「開発過程と国際関係に与える多国籍企業のインパクト」[141]と題する報告書を公表し、同年、経済社会理事会に多国籍企業委員会と多国籍企業センターが設立された。これ以後、多国籍企業の行動に関する基準（code）案作成が始まる。

基準を策定していくなかで、多国籍企業の役割に対して2つの考え方が出てきた。1つは、多国籍企業は経済発展の推進力なので、海外投資を促進するためにも国際的な整備が必要なのだとする立場であり、もう1つは、その経済的役割は基本的に認めつつも、市場権力の乱用には何らかの規制が必要だと考える立場である。両者ともに、それらの理由からガイドラインの設定が必要だとみなしていた。前者の立場は多くの先進諸国にみられ、後者の立場は多くの途上国や社会主義国と国際的な消費者団体、労働団体のなかにみられた[142]。

実際、途上国と社会主義国は、多国籍企業の規制が必要だと痛感していた。たとえば、多国籍企業の脱税行為や違法な支払い等の行動を規制するうえでも、あるいは情報公開や消費者保護、環境保護を要求するうえでも、途上国と社会主義国は大きな困難を抱えていたからである[143]。それらの国にとって、国際的な基準は設定されるべきものだった。逆に、先進国は、別の意味で基準の策定が必要なものとみなしていた。世界の諸資源を効果的に入手するためにも、自らの企業をさらに発展させるためにも、海外投資が効率的になされる環境が必要だったのである。

確かに、1970年代は、「新国際経済秩序」の時代でもあり、途上国は国連総会を通じて多国籍企業の規制と監視を要求してきた。ところが、1980年代になると、多国籍企業の進出が経済成長、技術移転、雇用創出等の経済効果を高めるとの認識から、途上国は直接海外投資をひきつける強い願望をもつようになった[144]。結果的に、多国籍企業への反感も、それとともに大部分消えていってしまった。この流れのなかで、多国籍企業行動基準案は規制色の弱いものになっていったのである。

途上国政府が多国籍企業の進出を歓迎することによって、次に起こることは、国内で多国籍企業の被害にあう人々が一部の悪質な企業行動に異議申し立てをすることであろう。それは、具体的には消費者運動として、あるいは環境保護運動として現れる。そして、多国籍企業が国際的な組織を有しているがゆえに、その対抗勢力もまた国際的な組織を発展させていったのである。

実際、1980年代以降、ＩＯＣＵは途上国の消費者団体が中心となって組織を発展させていった。それは、1978年にペナン消費者協会（マレーシア）出身のアンワー・ファザール（Anwar Fazal）が途上国初の会長として選出されたところからもうかがえる。

1981年の第10回大会では、「狭くなりつつある世界における消費者」というテーマの下で、多国籍企業問題が本格的に議論された[145]。1984年の第11回大会は、途上国（タイのバンコク）ではじめて開かれている[146]。同大会では、ラテンアメリカに地域事務所を設立する決議が採択され、それを受けて、1986年にはラテンアメリカ・カリブ海地域事務所がウルグアイのモンテビデオに開

設された⁽¹⁴⁷⁾。それは、ＩＯＣＵにとって第2の地域拠点（第1は、1974年にマレーシアのペナンにアジア太平洋地域事務所が設立されている）になった。1987年の第12回大会では、アフリカにおいてもＩＯＣＵの地域事務所が必要になっていることが議論され、決議されるに至っている⁽¹⁴⁸⁾。1991年の第13回大会では、新しく市場経済に向かう東欧諸国の消費者問題が、市場の未熟さと政府の消費者保護政策の不備から起こっていることが明らかにされた⁽¹⁴⁹⁾。このように、1980年代以降にみられるＩＯＣＵの活動は、途上国や旧東欧諸国の産業化と市場社会化を反映したものだった。

ＩＯＣＵは、多国籍企業の行動を監視するために、「コンシューマー・インターポール」等の消費者保護ネットワークを形成し、各国の消費者運動や市民運動との連携を図った。それは、粉ミルク販売に関するものや、医薬品、農薬、欠陥商品等に関する情報交換のネットワークである。これらもまた、1980年代以降に、マレーシアのペナンを中心として発展してきた⁽¹⁵⁰⁾。今や、消費者運動の「組織化」や「資源動員」も、多国籍企業に対応するかたちで国際化している。

このように、1980年代以降、国際消費者運動は多国籍企業問題に対応するために、途上国や社会主義国で新たな展開を遂げた。しかし、多国籍企業行動基準案は、1992年7月に廃案になっている。それは、結局、同基準案が依然として企業規制の強いものであり、アメリカ、日本、イギリス、ドイツが終始反対の立場に立ってきたからだった⁽¹⁵¹⁾。

以上みてきたように、二重基準問題をはじめとした消費者問題は解決には至っていない。それは、もし二重基準によって問題が発生しても、消費者が自力で対応しなければならないこと、あるいは自力で予防しなければならないことを意味している。「買い手危険負担」の原則が、国際社会においては依然として強いとみてよいであろう。

4．国際政治への参加

国際社会において、二重基準が放置されている一方、他方では国際基準への「整合化」が進んでいる。これはどういうことであろうか。

すでにみたように、現在、国際基準への整合化を進めている1つの例として、ガット交渉があった。整合化の理由は、世界的な統一規格をつくることによって、自由貿易を促進させることにある。今までは、輸入国の商品規格、環境基準あるいは安全性基準にあわせて貿易産品をつくっていた。それが、このような貿易障壁が取り除かれ、国際基準ができれば、輸出国の生産コストは下がるようになるので、整合化は輸出大国にとって歓迎されるのである[152]。国際基準ができれば、世界中どこででもスムーズに商品が輸出入されるようになり、その結果、消費者にとっても、便利で安い価格の商品が手に入ることになるのである。

ところが、この整合化をめぐって消費者に2つの問題がでている。その1つは、農産物の輸出入規制を全面撤廃するかどうかで、消費者運動間に不一致が生じていることである。もう1つは、国際基準への整合化が消費者に及ぼす影響と、その整合化の交渉に消費者の代表がほとんど参加していないことである。

第1の問題は、欧米の消費者団体と日本の消費者団体との間にみられる。その1つの例は、IOCUの第13回香港大会（1991年）で起こった。欧米諸国の消費者団体が農産物規制の全面撤廃に賛成したのに対して、日本の消費者団体はそれに反対の立場を取った。前者は、消費者の自由な選択を主張し、農業貿易の拡大が、結果的には途上国の経済成長につながるという見解に立っていた。日本の消費者団体は、工業製品と農産物を同列に扱うべきではないとし、食料の自給と環境問題を重視した。議論の結果、大会の決議文には、日本の反対意見に配慮するかたちで、「農産物の輸出入に対する規制の全面的撤廃は、先進国と発展途上国いずれにおいても必ずしも消費者の利益となるとは限らない」[153]という修正が加えられている。これまで、消費者保護ガイドラインと多国籍企業行動基準に関しては消費者運動間に不一致がなかっただけに、農産物の輸出入は今後とも消費者運動にとって大きな課題として残っている。

第2は、ガット交渉が成立した後の問題に関わってくる。IOCUは、これまで基本的には国際貿易の自由化を支持してきた[154]。それは、消費者が国際貿易の発展に伴う繁栄から大きな利益を得てきたからであった。しかし、IOCUは、自由貿易体制が健康と安全、さらに環境を犠牲にするものであってはなら

ないことをも強調している(155)。

　強調するのには、もちろん理由がある。ガット・ウルグアイラウンド交渉が成立した後、食品関係の安全基準は、コーデックス・アリメンタリウス委員会（Codex Alimentarius Commission。ＦＡＯ・ＷＨＯ合同食品企画委員会、1962年設立）によって決定される(156)。もし、ガット加盟国が、残留農薬や食品添加物などに関して委員会の基準よりも高い基準を科学的根拠なしに設定したなら、それは、貿易障壁とみなされ、提訴される。委員会よりも高い基準を設定するのなら、必ず科学的根拠を明示しなければならないのである。消費者にとって問題なのは、今までの基準を整合化によって下げなければならないときである。この整合化は、現在、各国の消費者団体にとって大きな問題となっており、消費者団体がガット交渉に圧力をかける原因となっている(157)。

　コーデックス・アリメンタリウス委員会に関して、ＩＯＣＵが圧力をかけているもう1つの理由は、委員会のメンバー構成にある。委員会に参加している国内代表メンバーの大半は、政府関係者と産業界が占めている。第19会期（1989-1991年）に開かれた委員会のメンバー構成をみると、全参加者2019名のうち、政府関係者が1469名、産業界が445名、消費者団体関係が8名、コンサルタントが97名であった。産業界の割合は、22％にも及んでいる。つまり、委員会では圧倒的に産業界の利益が優先されているとみてよい。しかも、構成国の上位10ヶ国のうち、タイを除いたすべての国が先進諸国である。ちなみに、その上位国のなかで、消費者団体を国内代表として出しているのは、アメリカ（2名）、オランダ（2名）、カナダ（4名）だけであった。もちろん、他の国は皆無である。

　このように、国内の消費者団体は、委員会の決定過程にまったくといっていいほど参加していないといえよう。この委員会の性質からいって、食品を購入する消費者こそが、当事者であるにもかかわらずである。ＩＯＣＵは、国際的なオブザーバーとして委員会に参加し、消費者団体の参加を要求してきたが、現状では構成メンバーの変化はみられていない(158)。

5. 展　望

　以上、検討してきたように、消費者問題が途上国で発生してきた背景には、多国籍企業の進出があった。また、ガットにみられる国際政治における取り決めにも、消費者の生活を十分左右する影響力がある。それゆえ、消費者は自らの生活を防衛するために、対抗勢力として消費者運動を国際化せざるをえなかったのである。

　産業化と市場社会化が国民社会の枠組みを超えるなら、「消費社会」もまたその全体社会の枠組みを国際社会に求めざるをえない。産業化と市場社会化の度合は、各国民社会によってまちまちであり、「消費社会」のあり方もそれに応じて違っている。国際基準の統一は、生産と流通の効率化につながるが、必ずしも消費生活の豊かさにはつながっていない。

　そこに端的にみられたのが二重基準と整合化による問題だった。両者ともに、消費者の生活を左右する問題である。なぜなら、両者は、「生産」の場から生まれてきた論理にほかならないからである。二重基準は、輸入国の、とりわけ途上国の消費者にとって不利であることに変わりはない。整合化に関しても、輸出入の国際基準を設定するが、それは、輸出入国間における生活様式の違い、つまりは消費のあり方が国によって、あるいは地域によって異なっていることを十分考慮してはいない。ましてや、一国内においても、消費は、家族や個人によって異なりうるものなのである。これらの問題が解決されない限り、消費者運動は、国際化していかざるをえないし、実際、国際社会で発展してきたのである。

　消費社会のジレンマは、豊かさへの追求と引き換えに消費者が生活の自己決定権を売り渡してきたところにある。それは、国際社会においてもあてはまる。国際消費者運動の役割は、消費者が生活の自己決定権を企業や政治から取り戻すことだといってもいい。

　ただ、消費者運動にも問題がないわけではなかった。消費のあり方が国や地域によって異なっている以上、消費者の利益も多様である。その多様な利益をどのように運動内に吸収し、反映させるのかは至難の業といえよう。たとえば、同じ先進国間にも、ガットへの対応にみられるように、農産物の自由化に関し

て日本と欧米の消費者団体には大きな隔たりがあった。先進国と途上国の間では、消費のあり方にはもっと大きな違いがある。生活の自己決定権を個人に認めつつ、かつ「国際的な社会集団」として消費者運動が組織化されるには、依然として大きな課題が残されているといえよう。

おわりに

　3つのタイプの消費者運動は、その端緒から国際化の契機を内包していた。なぜなら、「市場経済」がすでにグローバルな展開を遂げていたからである。具体的には、生活協同組合型が国際協同組合同盟（ＩＣＡ）として、情報提供型と告発型が国際消費者機構（ＩＯＣＵ）として、それぞれ消費者運動の国際的な組織化と戦略を構築しつつある。運動の方法に違いはあるが、いずれも消費者の自己決定権を拡大させる国際的な社会集団として機能してきた。
　しかし、歴史的には、「生産」と「消費」の距離は拡大する一方であった。16世紀のイギリスに「消費社会」が誕生し、産業革命を通じて、欧米や日本に「大衆消費社会」が到来した。この流れは、快適な暮らしを求める過程であり、家庭における「生産」活動が縮小していく過程でもあった。消費の場である家庭は、企業がお膳立てした多くの商品で消費生活を送ることが可能になった。家庭は、ほとんど何も作らなくてよいし、作る必要もなくなったのである。
　そして、その代償も少なくはなかった。消費者問題の発生は、経済成長を遂げていく国ではどこにでも起こりうるものだった。ましてや、国際的な相互依存の時代において、消費者問題は、一国単位で起こるものではなくなっている。「二重基準」は、一種の南北問題であり、国際社会における公正さが問われる問題でもあった。
　「生活大国」や「生活者重視」は、もはや一国単位で論じられる時代ではない。少なくとも、消費者問題の国際化は、そのことを教えてくれている。「生産」のあり方はもちろんのこととして、「消費」のあり方も国際的な枠組みのなかで考える必要がある。なぜなら、消費者問題の国際化とは、国境をはさんだ「生産」と「消費」の関係から生まれてきた問題だからである。

今後の課題として検証する必要があるのは、国際政治が消費生活にどのような影響を及ぼしているのかという点にある。本章では、それについて十分に展開できなかった。ポスト冷戦の時代において、経済は大きな争点になっている。本章でも論じたように、「消費」は、「生産」からだけでなく「政治」からもますます強い影響を受ける可能性がある。今日、ガットの場に代表されるように、国際政治の力学関係が消費生活に影響を及ぼす過程について理論的にも、実証的にも把握する重要性は大きいと考える。

　それゆえに、国際関係論の視点から「消費社会」の研究を進めていく必要性は今後ますます大きくなっていくであろう。

注

(1) 第2章と第3章を参照。
(2) 『日本経済新聞』1994年3月3日夕刊。
(3) 多田吉三『生活経済学』晃洋書房、1989年。
(4) モリー・ハリスン著、工藤政司訳『買い物の社会史』法政大学出版局、1990年、8頁。
(5) 杉田淳子・鳥越良光・三宅耕三・森貞俊二『現代消費生活論』建帛社、1989年、66頁。
(6) 角山栄・村岡健次・川北稔『産業革命と民衆』河出書房新社、1992年、13頁。
(7) Adam Smith, *An Inquiry into the Nature and Causes of the Wealth of Nations* (vol.2), 6th edition (London: Methuen, 1950), p.159.（アダム・スミス著、大内兵衛・松川七郎訳『諸国民の富（三）』岩波文庫、1965年、455-456頁）。
(8) 角山・村岡・川北、前掲書、19頁。
(9) *Thorstein Veblen, The Theory of the Leisure Class* (New York: New American Library, 1953).（ソースタイン・ヴェブレン著、小原敬士訳『有閑階級の理論』岩波書店、1961年）。
(10) Grant McCracken, *Culture and Consumption* (Bloomington & Indianapolis: Indiana University Press, 1988), p.3.（グラント・マッキノン著、小池和子訳『文化と消費とシンボルと』勁草書房、1990年、19頁）。
(11) 村上泰亮『反古典の政治経済学 上』中央公論社、1992年、265-364頁；川北稔「経済史と社会史のはざま ── イギリスにおける「社会史」の成立 ── 」（『社会経済史学』第59巻第1号、1993年）49-70頁。
(12) Joan Thirsk, *Economic Policy and Projects* (Oxford: Clarendon Press, 1978).（ジョオン・サースク著、三好洋子訳『消費社会の誕生 ── 近世イギリスの新企業』東京大学出版会、1984年）。サースク以外の研究としては、Neil Mckendrick, John Brewer and J.H.Plumb, *The Birth of a Consumer Society* (London: Europe Publication, 1982); Chandra Mukerji, *From Graven Images* (New York: Columbia University Press, 1983); Rosalind H.Williams, *Dream Worlds* (Berkeley: University of California Press, 1982); Roman Sandgruber, *Die Anfänge der Konsumgesellschaft* (München: R.Oldenbourg Verlag, 1982).
(13) Thirsk, *op.cit.*, p.6.（邦訳、9頁）。
(14) *Ibid.*, p.161.（同訳、208-209頁）。
(15) *Ibid.*, p.179.（同訳、230頁）。
(16) *Ibid.*, p.8.（同訳、11頁）。
(17) *Ibid.*, p.146.（同訳、190頁）。
(18) *Ibid.*, p.124.（同訳、160頁）。
(19) McCracken, *op.cit.*, pp.10-16.（邦訳、31-40頁）。

(20) *Ibid*.（同訳）．
(21) 川北稔『工業化の歴史的前提』岩波書店、1983 年。
(22) 角山・村岡・川北、前掲書、81-84 頁。
(23) 同前書、94 頁。
(24) 川北、前掲書、352-374 頁。
(25) McCracken, *op.cit*., pp.16-22.（邦訳、40-49 頁）．
(26) *Ibid*.（同訳）．
(27) McKendrick, *op.cit*., pp.100-145.
(28) McCracken, *op.cit*., p.22.（邦訳、49 頁）．
(29) ダニエル・Ｊ・ブアスティン著、新川健三郎訳『アメリカ人 ─ 大量消費社会の生活と文化（上）』河出書房新社、1992 年（再版）、109-192 頁。
(30) ジャン・ボードリヤール著、今村仁司・塚原史訳『消費社会の神話と構造』紀伊國屋書店、1979 年、93 頁。
(31) Walt W.Rostow, *The Stages of Economic Growth*, 2nd edition (London: Cambridge University Press, 1971).（Ｗ・Ｗ・ロストウ著、木村健康・久保まち子・村上泰亮共訳『経済成長の諸段階』ダイヤモンド社、1961 年）．
(32) Karl Polanyi, *The Great Transformation*, Paperback edition (Boston: Beacon Press, 1957).（カール・ポランニー著、吉沢英成・野口建彦・長尾史郎・杉村芳美共訳『大転換』東洋経済新報社、1975 年）．
(33) *Ibid*., p.258.（同訳、345 頁）．
(34) モリー・ハリスン著、小林祐子訳『台所の文化史』法政大学出版局、1993 年、61 頁。
(35) 同前書、62 頁。
(36) 杉田・鳥越・三宅・森貞、前掲書、83 頁。
(37) 白井厚『社会思想史断章』日本経済評論社、1989 年、180 頁。
(38) George Douglas Howard Cole, *A Century of Co-operation* (George Allen & Unwin Ltd, 1944), p.13.（Ｇ・Ｄ・Ｈ・コール著、森晋監修、中央協同組合学園コール研究会訳『協同組合運動の一世紀』家の光協会、1975 年、20 頁）．
(39) *Ibid*., pp.13-15.（同訳、20-22 頁）．
(40) ロバート・オウエン「社会にかんする新見解」（五島茂・坂本慶一編 世界の名著四二『オウエン　サン・シモン　フーリエ』中央公論社、1980 年）97-197 頁。
(41) Cole, *op.cit*., pp.1-11.（邦訳、1-17 頁）．
(42) ジョージ・ヤコブ・ホリヨーク著、財団法人協同組合経営研究所訳『ロッチデールの先駆者たち』財団法人協同組合経営研究所、1968 年、49 頁、97-98 頁。
(43) Cole, *op.cit*., p.74.（邦訳、112 頁）．
(44) 中川雄一郎「国際協同組合同盟（ＩＣＡ）の形成過程と第 1 回大会の意義」（『協同組合

研究』第9巻第1号、1989年）59-67頁。
(45) *Report of the First International Co-operative Congress*, International Co-operative Alliance, 19th, 20th, 22nd, and 23rd August,1895, pp.28-33.
(46) 松本登久男『増補版 協同組合原則と農業協同組合』全国協同出版、1987年、6-34頁。
(47) フレデリック・L・アレン著、藤久ミネ訳『オンリー・イエスタデイ』研究社出版、1975年、182頁。
(48) 久保田裕子「CUの五一年・IOCUの二七年 ── コルストン E・ウォーン博士を偲んで ── 」(『国民生活研究』第27巻第3号、1987年）34-60頁。
(49) 同論文。
(50) 同論文。
(51) 杉田・鳥越・三宅・森貞、前掲書、213-214頁。
(52) Foo Gaik Sim, *IOCU ON RECORD, A Documentary History of the International Organization of Consumers Unions 1960-1990* (New York: Consumers Unions, 1991), pp.1-2.
(53) 巻正平『消費者問題読本第2版』東洋経済新報社、1987年、202-206頁。
(54) Sim, *op.cit.*, p.5.
(55) 野村かつ『アメリカの消費者運動』新時代社、1971年、38頁。
(56) 奥村茂次・柳田侃・清水貞俊・森田桐郎編『データ世界経済』東京大学出版会、1990年、64頁。
(57) 武者小路公秀『現代の世界』講談社、1986年。
(58) *Public Papers of the Presidents of the United States*, John F. Kennedy, Special Message to the Congress on Protecting the Consumer Interest. March 15, 1962 (United States Government Printing Office, 1963), p.235. 邦訳は、経済企画庁消費者行政課編 資料 消費者行政（Ⅳ）『世界の消費者行政』大蔵省印刷局、1974年、675頁を参照。
(59) ラルフ・ネーダー著、河本英三訳『どんなスピードでも自動車は危険だ』ダイヤモンド社、1969年。
(60) ウィリアム・マンチェスター著、鈴木主税訳『栄光と夢 アメリカ現代史五 1969-1972』草思社、1978年、145頁。
(61) 越智道雄『アメリカ「六〇年代」への旅』朝日新聞社、1988年、194頁。
(62) ラルフ・ネーダー著、青木公・伊藤正孝訳『消費者と公害』朝日新聞社、1973年、140頁。
(63) 同前書、146頁。
(64) 野村、前掲書、58-64頁。
(65) 越智、前掲書、189頁。
(66) OECD, *Consumer Policy during the Past Ten Years: Main Developments and*

Prospects, Report by the Committee on Consumer Policy, OECD, 1983.

(67) 野村、前掲書、65頁。
(68) シドニー・W・ミンツ著、川北稔・和田光弘訳『甘さと権力』平凡社、1988年。
(69) 同前書、335頁。
(70) 矢野一郎監修、財団法人 矢野恒太記念会編『1993年版 日本国政図会』国勢社、1993年、398頁。
(71) 西川和子「国際化と消費者問題」(『現代の消費者問題』家庭科教育7月臨時増刊61巻9号、1987年) 24-32頁。
(72) 奥村・柳田・清水・森田、前掲、115頁。
(73) 国民生活審議会消費者政策部会報告『国際化時代の消費者政策について』、1990年10月、3頁。
(74) 同報告、16-17頁。
(75) 同報告、18-19頁。
(76) 全税関労働組合・税関行政研究会編『イラスト版輸入食品のすべて』合同出版、1991年、40頁。
(77) 国民生活審議会消費者政策部会、前掲、19-21頁。
(78) 国民生活センター調査研究部『輸入食品の動向と食生活』、1992年3月、6-10頁。
(79) 同報告。
(80) 食料・農業政策研究センター編『1989(平成元)年版食料白書 自由化時代の食生活』農山漁村文化協会、1990年、149頁。
(81) 農林統計協会『図説 農業白書(平成4年度版)』、1993年、78頁。供給熱量自給率は、国産農水産物による熱量の割合のことである。
(82) 同白書。
(83) 全税関労働組合・税関行政研究会、前掲書、66-67頁。
(84) 同前書。
(85) 同前書。
(86) 通商産業省編『通商白書(各論)平成3年版』、1991年。
(87) 食料・農業政策研究センター、前掲、51頁。
(88) 通商産業省編『通商白書(各論)平成元年版』、1989年。
(89) 食料・農業政策研究センター、前掲、51頁。
(90) 日本弁護士連合会「いまなぜ国際消費者問題か」(『消費者ネットワーク』No.9、1989年3月) 53-56頁。
(91) 同報告。
(92) 日本消費者連盟編『ノーといわれる日本』学陽書房、1990年、136頁。
(93) アンワー・ファザール著、日本消費者連盟訳『ジャンク・フード 国際消費者運動の新

しい波』学陽書房、1982年、25頁。
(94) 日本消費者連盟、前掲書、140-142頁。
(95) 1993年 ジェトロ白書・投資編『世界と日本の海外直接投資』日本貿易振興会（ジェトロ）、1993年、63-65頁。
(96) 通商産業省産業政策局国際企業課編『第21回 我が国企業の海外事業活動』、1992年。
(97) 『日本経済新聞』1993年1月24日。
(98) 通商産業省産業政策局国際企業課、前掲。
(99) ダン・カーズマン著、松岡信夫訳『死を運ぶ風 ── ボパール化学大災害 ── 』亜紀書房、1990年。
(100) 通商産業省産業政策局国際企業課、前掲。
(101) 『ニッポン消費者新聞』1988年5月1日。
(102) 日本弁護士連合会公害対策・環境保全委員会編『日本の公害輸出と環境破壊』日本評論社、1991年、48頁。
(103) 同前書、50頁。
(104) 同前書、52-60頁。
(105) 『週刊消費経済新聞』1992年8月20日。
(106) 『朝日新聞』1992年7月12日。
(107) 日本弁護士連合会公害対策・環境保全委員会、前掲書、60頁。
(108) ウィリアム・P・ワトキンズ著、二神史郎訳『国際協同組合運動史』家の光協会、1979年。
(109) *Report of the Twentieth Congress*, International Co-operative Alliance, 4th to 7th August, 1957, pp.138-146.
(110) *Report of the Twenty-second Congress*, International Co-operative Alliance, 14th to 17th October, 1963, pp.36-37.
(111) *Report of the Twenty-sixth Congress*, International Co-operative Alliance, 28th September to 1st October, 1976, pp.36-37.
(112) *Report of the Twenty-fourth Congress*, International Co-operative Alliance, 1st to 4th September, 1969.
(113) *Ibid.*
(114) *Report of the Twenty-fifth Congress*, International Co-operative Alliance, 2nd to 5th, 1972.
(115) *Ibid.*
(116) スヴェン・A・ベーク著、日本協同組合連絡協議会訳『変化する世界 協同組合の基本的価値』日本協同組合連絡協議会、1992年、204-209頁。
(117) 日本消費者連盟、前掲書、134-151頁。
(118) 栗本昭「先進諸国生協運動から学ぶこと」（白井厚監修、農林中金研究センター編

『協同組合の基本的価値』家の光協会、1990年）141-166頁。
（119）Sim, *op.cit*., pp.29-31.
（120）*Ibid*., pp.57-65.
（121）久保田、前掲論文。
（122）Sim, *op.cit*., p.97.
（123）Statement submitted by Dorothy Willner, Representative of the International Organization of Consumers Unions (IOCU) to the United Nations, E/C.10/NGO/1, 23 February 1976.
（124）Yearbook of the United Nations（以下YUNと略す）1977, pp.404-406.
（125）Statement submitted by the International Organization of Consumers Unions (IOCU), Towards a United Nations comprehensive policy and an integrated approach to consumer protection, E/NGO/68, 8 July 1977.
（126）YUN 1977, *op.cit*..
（127）Consumer Protection: A Survey of Institutional Arrangements and Legal Measures, Report of the Secretary-General, E/1978/81, 8 June 1978.
（128）Consumer Protection, Report of the Secretary-General, E/1981/75, 4 June 1981.
（129）YUN 1981, pp.556-557.
（130）Consumer Protection, Report of the Secretary-General, E/1983/71, 27 May 1983.
（131）IOCU, *Proceedings of the Tenth IOCU World Congress*, the Hague, 22-26 June,1981; IOCU, *Proceedings of the 11th IOCU World Congress*, Bangkok, 9-14 Dec., 1984; Statement submitted by the International Organization of Consumers Unions, E/1983/NGO/5, 12 July 1983.
（132）野村かつ子「国連ガイドラインの採択に奮戦したエスター・ピーターソン女史」（『海外の市民活動』No.43、1986年11月）59-70頁。
（133）D.Harland, "The United Nations Guidelines for Consumer Protection", *Journal of Consumer Policy*, Vol.10, No.3, September 1987, pp.245-266.
（134）YUN 1985, pp.571-575.
（135）*IOCU Newsletter*, No.142, April 1985.
（136）Report of the Secretary-General of the United Nations, "Consumer Protection", *Journal of Consumer Policy*, vol.16, No.1, 1993, pp.95-121.
（137）Consumer Protection, Report of the Secretary-General, E/1990/76, 21 May 1990, E/1990/76/Add.1, 11 July 1990.
（138）Allan Asher and Elizabeth Hayes, Meeting Report 19th Session of the United Nation's Commission on Transnational Corporations, New York, 5-15 April 1993.
（139）全国消費者団体連絡会『これからの消費者の権利』生活ジャーナル、1987年、15頁。
（140）Sim, *op.cit*., p.104.
（141）The Impact of Multinational Corporations on the Development Process and on International

Relations, E/5500, 14 June 1974; E/5500/Add.1 (Part I), 24 May 1974; E/5500/Add.1 (Part II), 12 June 1974.

(142) 野村かつ子「国連多国籍企業行動基準案の背景とその性格 ── ピーター・ハンセン氏のスピーチより ── 」(『海外の市民活動』No.48, 1987年12月) 25-30頁。

(143) 同報告。

(144) Asher & Hayes, *op.cit.*, p.4.

(145) IOCU, *Proceedings of the Tenth IOCU World Congress.*

(146) IOCU, *Proceedings of the 11th IOCU World Congress.*

(147) IOCU, *Proceedings of IOCU Regional Conference for Latin America and the Caribbean,* Montevideo, 1-4 Oct., 1986.

(148) IOCU, *Proceedings of the 12th IOCU World Congress*, Madrid, 15-20 Sep., 1987.

(149) IOCU, *Proceedings of the 13th IOCU World Congress*, Hongkong, 8-12 July, 1991.

(150) Sim, *op.cit.*, pp.134-141.

(151) Asher & Hayes, *op.cit.*, p.2.

(152) 伊庭みか子「国際基準への整合化と食べものの安全性」(伊庭みか子・古沢広祐編『ガット・自由貿易への疑問』学陽書房、1993年) 101-123頁。

(153) 「特集 国際消費者機構（ＩＯＣＵ）第13回大会」(『消費者ネットワーク』No.24、1991年9月) 3-34頁。

(154) *Beyond the Year 2000, The Transition to Sustainable Consumption*, International Organization of Consumers Unions, 1993, p.31.

(155) *Consumers Demand a Conclusion to the GATT ROUND*, Statement by International Orgnization of Consumers Unions and Bureau Europén des Unions de Consommateurs, 1991, p.1.

(156) Natalie Avery, Martine Drake & Tim Lang, *Cracking the Codex* (National Food Alliance, 1993).

(157) *Ibid.*

(158) *Ibid.*

第2章　国際的社会集団の形成と機能
――国際消費者機構（IOCU）の事例――

はじめに

　国際社会は、すでに国家間のみの相互作用から構成される社会ではなくなった。今日の国際社会は、国家、国際機構、多国籍企業、ＮＧＯ（Non-Governmental Organization）、民族といった多様なアクターの相互作用によって構成される社会である[1]。
　ＮＧＯは、国際社会の形成とともに急増の一途をたどってきた（Yearbook of International Organizations のＮＧＯ規定によると、その数は、1909年：176、1956年：985、1972年：3733、1981年：13234、1990年：22334）[2]。その数が増加しているだけでなく、その規模も国際的な圧力団体（国連ＮＧＯ等）から小さな草の根ＮＧＯに至るまで、多様化の傾向を示している[3]。ＮＧＯの増加傾向は、国際社会における「参加の噴出」現象としてとらえられ、今やＮＧＯという用語は学会のみならずマスコミにおいても定着しつつある。
　国際関係論の分野でも、ＮＧＯがなぜ形成されるようになってきたのか、あるいはどのような役割や機能を果たしているのかについて議論がなされてきた。そこでの議論はアイデンティティ論と圧力団体論からのアプローチを中心としてきた。最近では、開発協力の実践的な観点からとらえたアプローチも多くなってきている。
　しかし、ＮＧＯ（非政府組織）という言葉の響きは、依然として消極的、他律的である。国連でのＮＧＯの定義も「政府間協定で成立したものでない国際団体」[4]と規定され、ＮＧＯは政府間組織でない集まりとしてひとくくりにされている。政府間の権力関係から規定される国際関係の世界では、そのような

見方も当然であったかもしれない。

　本章は、第1に、ＮＧＯは他律的な集まりではなく、主体的に形成された集まりだということを明らかにしたい。ＮＧＯは、規模の大小はあれ、その性質上、既存の国内社会集団が国民社会の枠組みを超えて国際化した集団であり、かつある特定の目的をもって主体的に形成された「社会集団」[5]である。それゆえに、ＮＧＯは、その特性から判断して「国際的社会集団」と呼んだ方が適切であると考えられる。

　第2に、諸個人がなぜ国際的社会集団を形成し、それが国際社会においてどのような機能を果たしているのかについての理論的考察を試みてみたい。上記の国際的社会集団ではあまりにも一般的すぎ、範囲が広すぎるので、本章では事例研究として国際消費者機構（International Organization of Consumers Unions、ＩＯＣＵ）を取り上げ、検討する。

Ｉ．問題の設定

　本章で消費という争点を取り上げるのは、近年、消費生活の国際化が顕著になってきているからである。国際経済にみられる自由貿易体制の拡大と強化は、消費生活における人、モノ、情報等の国際的な移動を活発なものにしてきた。この国際化の進展は、消費者にとって安くて良い物を選択できる幅を広げることになり、消費生活を豊かにしてきた。しかし、その半面、有害商品や欠陥商品の購入といった消費者問題を国際化させていくことにもなっている。

　各国の政府は、1970年代頃より、国連の経済社会理事会や経済協力開発機構（ＯＥＣＤ）の消費者政策委員会（1969年設立）等の場において消費者政策を検討することになった。これより先に、消費者の側は、国際消費者機構（ＩＯＣＵ）等の国際的な消費者組織が自力で消費者問題に取り組んだり、消費者保護の国際的な仕組みを確立するよう政府や国際機関に働きかけを行ったりしてきた。ＩＯＣＵの役割は、トランスナショナルな主体として国際社会における消費者の利益を代表し、消費者保護を促進することだといえる[6]。

　本章の目的は、このＩＯＣＵが国際的な社会集団としてどのような機能を果

たしているのかについて検討することにある。検討するに際して、社会集団に焦点を当てた3つの視点が重要と考える。第1と第2は、国際関係論におけるアイデンティティ論[7]と圧力団体論[8]のアプローチによるものである。この両アプローチは、今までNGOの形成過程やその機能について説明するために使われてきた。

アイデンティティ論は、個人の内面的動機から国際主体の行動および国際社会の形成を説明しようとするアプローチである。また、個人だけでなく社会集団、地域、国家、超国家組織をも疑似的な人格者として設定し、それらのアイデンティティの模索と内面的葛藤を分析することによって国際社会の歴史的発展について考察してきた。国際的社会集団の形成は、諸個人のアイデンティティの模索とそれによる内面的葛藤を克服する過程として把握される。

圧力団体論は、一方における多様な利益争点の国際化と、他方における国際機構などにみられる利益媒介制度の国際化が圧力団体としての国際的な社会集団を形成するものと考えている。圧力団体としての国際的社会集団は、諸個人の利益代表の役割を担うために形成されてきたといえよう。

第3の視点は、社会集団論(「中間集団」論)[9]のアプローチによるものである。この視点は、社会集団を国家と個人の中間におき、社会集団が下(個人ないし小集団)からの代表媒体としての機能と、上(国家)からの統合媒体としての機能を同時に果たすとみている。代表機能は、すでに圧力団体論のなかでとらえられているので、この第3の視点では、社会集団の統合機能に注目する。

以下では、IOCUの形成と発展について述べ、IOCUが国際的社会集団としてどのような機能を果たしているのかについて検討する。その後で、この3つの視点から若干の理論的考察を行っておきたい。

Ⅱ．国際消費者機構（IOCU）の形成と発展

1．国際消費者運動の系譜と国際消費者機構（IOCU）の成立

今日の消費者運動には2つの流れがある[10]。すなわち、1920年代末にアメリカで誕生した情報提供型・告発型の消費者運動[11]の流れと、19世紀中頃にイ

ギリスで誕生した生活協同組合型の消費者運動[12]の流れである。前者の運動の対象は、1つの商品あるいは廃棄物に対しておかれており、活動は商品テストや情報提供、消費者教育あるいは消費者問題の告発に力点がおかれている。他方、後者の運動の対象は、全体的な共同体の利益に重点がおかれており、活動の形態は生活、農業、信用等の協同組合の結集を特徴としている。

　IOCUの母体となっているのは、情報提供型・告発型の消費者運動である。それに対し、生活協同組合型の消費者運動が母体となって設立された国際的な社会集団は、1895年ロンドンで結成された「国際協同組合同盟」（International Cooperative Alliance、ICA）である[13]。IOCUとICAは、両者が誕生した歴史的背景によってその運動目標や組織特性を異にするが、今日の国際的な消費者問題に取り組む2大集団であることに変わりはない。ただ、今日的な消費者運動の特徴は、情報提供型・告発型を主流にしており、ICAに関して本章ではこれ以上ふれないことにする。

　前述したように、IOCUの淵源は1920年代のアメリカに求められる。当時のアメリカは、大量生産、大量消費の時代を迎え、「消費は美徳」のスローガンのもとに自動車や日常用品等多くの商品が開発され、市場に氾濫するようになっていた。豊かな社会は、同時に有害商品や欠陥商品の氾濫といった消費者問題を引き起こすことにもなり、消費者問題への社会的関心は一気に高まっていった。消費者の側からは商品の安全性や価格の妥当性について検討できる機関が求められ、1936年にニューヨークにおいてIOCUの母体になった米国消費者同盟（Consumers Union of United States、CU）が発足した[14]。CUは、商品テスト団体として自動車、洗濯機、食品添加物等の消費物資の品質や価格を調査し、その結果を『コンシューマー・リポート（Consumer Reports）』誌を通じて購読者に報告した。CUの活動スタイルは、やがてイギリス、ベルギー、オランダ等の西欧諸国の消費者運動のモデルになり、大きな影響を与えるに至った。

　IOCUが結成された背景には、アメリカと西欧諸国の消費者団体の個人的な交流があった[15]。直接のきっかけは、1958年にオランダ消費者同盟とイギリス消費者協会の双方の会員が交流した結果、国際的な消費者団体の必要性を

感じたことによる。設立の動機は、第1に商品テストにはかなりの経費がかかるので、国際組織をつくれば経費の節約ができる点、第2に当時の消費者団体はまだ発足して間がなく、脆弱であったので、国際組織をつくることによって企業からの攻撃に対して共同戦線を張ることができる点にあった[16]。

1960年4月1日に、CU、イギリス消費者協会、ベルギー消費者協会、オランダ消費者協会、オーストラリア消費者同盟が中心となり、14ヶ国17団体が参加し、IOCUはオランダのハーグで設立された[17]。設立当初の目的は、アメリカ、西欧、オーストラリアの消費者団体に向けての商品テストを中心とする情報センターとして機能することであった。この時期におけるIOCUの特徴は、地域としては欧米諸国中心であり、組織機能としては商品テストをするための調査機関であり、また、その結果を報告する情報センターであった。それゆえ、IOCUは、先進諸国における豊かな消費社会特有の消費者問題を色濃く反映していたといえる。

2. 国際消費者機構（IOCU）の組織化
(i) IOCUの転機

IOCUは、1964年の第3回オスロ大会において、イギリス消費者協会会員のスピーチをきっかけにして発展途上諸国の消費者問題に関心をもち始める[18]。それは、生活水準の高い先進諸国を除いたラテンアメリカ、アフリカ、アジアにおける発展途上諸国にはまったく消費者団体が存在していないことを指摘していた[19]。議論の末、IOCUは、大会で発展途上諸国の消費者問題に関わる3つの決議を採択した。すなわち、第1に途上国の消費者問題を検討する作業委員会を設置すること、第2に途上国と関連したプログラムを実行するために特別基金を設けること、第3に途上国の消費者問題に関する国際的な消費者会議を開催するよう国連機関に要求することであった。大会後に設置された作業委員会は、途上国の消費者利益の促進と、国連への利益要求を主たる任務として担うことになった。

IOCUが途上国の消費者問題にさらに傾斜していくきっかけとなったのは、1970年の第6回バーデン大会である[20]。この大会では、ジャマイカ出身の会員

から二重基準（double standard）の消費者問題が提議された。それは、企業は医薬品を輸出するにあたって、本国で義務付けられている厳しい表示をせず、そのため消費者保護に関する規制のない国の消費者が被害を被っているという発言であった。大会では、先進国から途上国へ輸出される製品の質とラベルの安全性を重要議題として討論した。

　途上国の消費者問題は、日常の衣食住や医薬品の欠乏といった貧困だけでなく、先進諸国から押し寄せてくる食品や医薬品等の氾濫に途上国の消費者が法的規制においても、商品の知識に関しても無防備であるという点にあった。栄養価がゼロかあるいはほとんどないジャンク・フード（junk food）[21]の氾濫、水道設備の整っていない地域での粉ミルクの販売、クリオキノール等の危険な医薬品の販売、その他工業製品のなかの欠陥製品等、途上国において多くの消費者問題が生まれていた。先進工業国で規制されている有害商品や欠陥商品の輸出、危険な廃棄物の海洋や陸上への投棄といった「ダンピング」[22]行為は、途上国の消費者問題を一層複雑にしてきていた。

(ii) 拠点の拡大

　ＩＯＣＵは、途上国の消費者問題を克服し、途上国で形成されつつある消費者団体を援助する目的で地域事務所を設立していった。第6回大会の発展途上国の消費者に関するセミナーでは、アジアの新しいイニシアティブを援助するために地域委員会の設置が検討された[23]。その結果、1974年にマレーシアのペナンでアジア太平洋地域事務所（Regional Office for Asia and the Pacific、ＲＯＡＰ）が設立されることになった。ＲＯＡＰの中枢機能を担っているのは、1970年にマレーシアで誕生したペナン消費者協会（Consumer Association of Penang、ＣＡＰ）である[24]。1978年の第9回ロンドン大会においては、このＣＡＰ出身のアンワー・ファザール（Anwar Fazal）氏が途上国から初めてＩＯＣＵの会長として選出され、ＣＡＰがＩＯＣＵのなかで主導的な役割を果たしていくことになった。この時期を境にして、ＩＯＣＵの主体は先進国から途上国へと移っていった。

　1984年の第11回バンコク大会の決議15は、ラテンアメリカにおける消費者

運動の発展が民主化の影響を受けながら急速に進んでいるという認識のもとに、次回の大会までにラテンアメリカの地域事務所を設立することを決定した[25]。1986年10月のウルグアイにおけるモンテビデオ会議[26]を経て、同年12月にラテンアメリカ・カリブ海地域事務所（Regional Office for Latin America and the Caribbean、ＲＯＬＡＣ）がＩＯＣＵ第2の地域拠点として設立されることになった[27]。

　アフリカの消費者保護が検討されるようになったのは、ようやく1980年代に入ってからである。1984年の第11回バンコク大会[28]では、アフリカが他の途上国に比べて依然として消費者保護の真空地帯であるという認識のもとに、ＩＯＣＵがアフリカで計画的な作業にとりかかることを決議した。引き続き、1987年の第12回マドリード大会[29]では、アフリカにおける消費者運動の利益が消費者組織の脆弱性や消費者の目標を制約する国内政策等によって実現されないことから、地域事務所の設立等を通じてＩＯＣＵがアフリカの消費者保護に乗り出すことを決議した。

　ＩＯＣＵは、第三世界のみに拠点を拡大していったわけではない。1989年11月にはポーランドで初の東欧における消費者会議が開かれた[30]。この時期は、ちょうど東欧革命が始まり、東欧の民主化が勢いをつけ出していた頃である。ＩＯＣＵは、東欧での会議を計画し始めた際、この政変をまったく予想していなかった。しかし、民主化の影響とその効果は大きく、6ヶ国から13もの消費者団体が参加した。新しく市場経済に向かう東欧諸国は、消費者保護の公共政策を急務としていた。急激な市場の自由化によって、有害商品、欠陥商品を含んだ多様な種類の商品が流入し、市場の未熟さと政府の消費者保護に関する無為無策が大きな問題となった[31]。

　第3回のオスロ大会を契機にして、今やＩＯＣＵの拠点は、第三世界や東欧諸国へと拡大してきている。ＩＯＣＵから、設立当初の欧米諸国中心という特徴はまったく消えている。1991年現在で、アジア太平洋地域の会員団体が67、中南米地域の会員団体が21、アフリカと中東の会員団体が13、北米とヨーロッパの会員団体が74である[32]。数字が示すように、アジア太平洋地域における消費者団体の活躍は目覚ましいものがある。このように、ＩＯＣＵは拠点の拡

大を通じて、商品テストの実施、消費者教育の普及、商品に関する情報発信等の消費者保護のための戦略方法を世界各地に広めてきている。ＩＯＣＵの組織化あるいは消費者運動の拡大は、途上国の消費者問題が頻発してきたことと、および政治的な民主化に密接に関係していたといえる。

(iii) 消費者保護ネットワークの拡大

ＩＯＣＵは、世界の消費者問題に機敏に対処する戦略として、地域的拠点の拡大のみではなく、消費者保護ネットワーク網の拡大をも考案し、実現していった。ネットワークは、それぞれ争点ごとに分けられている。それらは、多国籍乳業メーカーによる母乳代用食品、粉ミルク販売活動に対処する「国際乳幼児食品行動ネットワーク」(International Baby Food Action Network、ＩＢＦＡＮ、1979年設立)、医薬品問題に対処する「健康のための国際行動」(Health Action International、ＨＡＩ、1981年設立)、適性製品の調査を行う「適性製品研究・行動ネットワーク」(Appropriate Products Research and Action Network、ＡＰＲＡＮ、1982年設立)、農薬禍に対処する「国際農薬行動ネットワーク」(Pesticides Action Network、ＰＡＮ、1982年設立) 等である[33]。

また、1981年には消費者による国際監視行動網を充実させるために「コンシューマー・インターポール」(Consumer Interpol) が設立された[34]。コンシューマー・インターポールは、有害商品や欠陥商品の販売、ダンピング問題等の消費者問題に機敏に対応するために、消費者レベルの国際的な警報システムの確立を目指している。コンシューマー・インターポールが設立されるまでの危害警報システムは、国連環境計画（ＵＮＥＰ）の「潜在的毒性化学物質の国際登録」が最も総合的であり、有害物質について警告を発してきた。また、ＩＬＯにも危害警報システムは存在しており、新たに発見された職業上の重大な危害についての情報を加盟国政府に通知している[35]。

これらのネットワークの特徴は、まず第1に、発展途上国に対する危険な製品や技術の輸出、危険な廃棄物のダンピングを監視、調査することにある。商品テストの機能と情報交換の機能を駆使して、ある危険な製品が出回れば、それを調査し、ネットワークを通じてすばやく世界各地の消費者に情報を送って

いる。第2に、ときには、ネットワークが運動体として抗議活動をすることがある。たとえば、ＩＢＦＡＮは、ネッスル社を相手取って途上国の生活事情を考慮しない強引な母乳代用食品の販売をやめるよう抗議活動を展開した。この問題は、世界保健機関（ＷＨＯ）の場で検討され、その結果、1981年5月にＷＨＯ総会で、「母乳代替品販売に関する国際基準」[36]が採択された。現在、ＩＢＦＡＮはこの国際基準が守られているかどうかを監視し、乳幼児保護の促進に力を入れている。

3. 国際消費者機構（ＩＯＣＵ）の圧力団体化

(i) 国連へのアプローチ

ＩＯＣＵが消費者保護のために国連にアプローチを始めたのは、1964年の第3回オスロ大会においてであった[37]。このとき、ＩＯＣＵは消費者教育の促進、消費財とサービスのための規格開発、さらに発展途上国における消費者利益の擁護といった観点から国連との接触を強める決議を行っている。すでに、1963年にはＩＯＣＵは国連経済社会理事会において協議的地位の資格を与えられていたので[38]、ＩＯＣＵは徐々に国連での地歩を築いていくことができた。

ＩＯＣＵが国連を消費者運動の戦略拠点に選んだのには理由がある。消費者保護に関する同一レベルの公的規制がないために、二重基準にみられる国ごとによって異なる公的規制の落差が生じ、それによって有害な商品や危険な廃棄物が第三世界に流れ込むダンピング問題等が生じてきた。ＩＯＣＵにとって必要なのは、どこの国にも適用される同一の消費者保護基準をつくることであった。それができるのは、国連の場を除いて他にはなかったのである。ひとたび消費者保護基準に関する決議が採択されれば、その決議そのものに強制力はないものの、ＩＯＣＵは各国政府に対して国連の勧告に従うよう圧力をかけることができると判断していた。それは、ＩＯＣＵにとって組織戦略上、有効な手段であった[39]。

このように、ＩＯＣＵは国連を消費者利益増進の組織とみなしていた。しかし、1960年代、国連内の消費者問題に関する認識は貧弱なものであった。そこで、ＩＯＣＵは、国連事務局に消費者問題を知ってもらうこと、事務局の活動

に消費者問題を加えるようにすること等の働きかけを行っていった。ＩＯＣＵのとった戦略は、国連に熟練したロビイストを送り込むことであった。1963年、初代国連ロビイストとして選ばれたのは、パーシャ・キャンベル（Persia Campbell）であった。キャンベルは、すでにアメリカ政府派遣の国連ロビイストとして熟練した経歴をもつ経済学者として活躍していた。キャンベルが果たした役割は大きく、ようやく国連内でも消費者問題が取り上げられるようになってきた[40]。

　国連への働きかけで画期的だったのは、1975年の第8回シドニー大会においてであった[41]。大会は、国連に対し、加盟国における消費者保護の現状報告の提出、消費者保護モデル法案の作成、各国政府によるその法案の採択推進、およびその実施について監視する消費者保護機関の設置などを要請する決議をした。1976年、ＩＯＣＵは第2代国連ロビイスト、ドロシー・ウイルナー（Dorothy Willner）を通じてシドニー大会で決議した要求を国連経済社会理事会の多国籍企業委員会に提出している[42]。さらに、同年の経済社会理事会（第61会期）で、ＩＯＣＵは消費者保護モデルガイドラインの公式化を検討するよう要求した[43]。このＩＯＣＵの国連攻勢は、国連の場で消費者問題が総合的に検討される機運をつくり出していった。

　(ii) 消費者保護ガイドラインの採択に向けて

　1977年は、消費者保護の前進にとって飛躍的な年であった。その第1の意味は、ＩＯＣＵが同年の経済社会理事会（第63会期）において、国連ＮＧＯのなかで最も上位にランクされるカテゴリーⅠの協議的地位を取得したことである[44]。これは、消費者問題が国連のなかで重要な争点になってきたことを示している。第2の意味は、国連がようやく消費者問題に対する包括的な調査を開始したことである。経済社会理事会は1977年1月に決議204（ＯＲＧ-77）によって、行政調整委員会（Administrative Committee on Co-ordination、ＡＣＣ）に消費者保護に関する国連システムの諸活動を調査し、第63会期の理事会で報告するよう要求した[45]。

　ＩＯＣＵは、1977年の同会期に当たって、国連事務総長に「消費者保護に対

する国連の包括的政策と総合的アプローチに向けて」と題する意見書[46]を提出した。それは、経済社会理事会が消費者保護の調整的、総合的なプログラム達成の責任を引き受けさえすれば、発展途上国と先進国における消費者保護利益を現実に推進できることを訴えている。国連システムの消費者保護に欠けているものは、基本的な首尾一貫した諸原則に基づく包括的な政策であり、総合的なアプローチによる多様なプログラムの調整であった。IOCUは、とりわけ途上国の消費者問題を考慮し、この欠陥の是正を強く要求した。

　国連の側では、1977年の経済社会理事会決議2111（LXIII）[47]が事務総長に国内レベルの消費者保護に関する制度的、法的取り決めを調査し、報告することを要求している。この作業は、国連で包括的な消費者保護基準を作成するための参考になるものであった。第64会期に提出された事務総長リポート[48]は、加盟国内の消費者保護に関する制度的取り決めと立法化の現状について報告している。そのなかで明らかにされたのは、多くの途上国が消費者保護に関して必要な法律上、行政上の対応を欠いているという現状であった。1981年には、途上国に焦点を当てた事務総長リポート[49]が提出された。そこでは、政府、企業体、労働団体、消費者団体の協調が求められた。とりわけ各国政府が消費者保護運動の推進および適当な非政府組織の発展を含む、消費者保護政策の作成とその実施を考慮するよう求めている。さらには、同年、経済社会理事会[50]は、事務総長に1983年の通常会期までに途上国の必要性を考慮したうえで、消費者保護ガイドラインの原案の報告を要求し、その決議を採択した[51]。

　1983年、消費者保護ガイドラインの原案[52]が経済社会理事会に提出され、討議されたが、採択されるまではいかなかった。その理由は、多くの途上国が原案を消費者保護政策モデルになると歓迎したのに反して、アメリカが原案に強い難色を示したことにあった。その反対論は、政府規制が強いことによって、企業が活力を失い、自由主義経済が脅かされるという主張であった。

　IOCUは、原案支持を強く表明し[53]、元アメリカ大統領消費者問題特別補佐官エスター・ピーターソン（Esther Peterson、IOCU第3代国連ロビイスト）[54]を代表とし、積極的に各国代表に働きかけていた。IOCUは、自由貿易に反対したのではなく、自由貿易が消費者保護に基づかなければならない

と考えていた[55]。ピーターソンは、1984年の夏にアメリカ連邦議会（下院）で開かれた消費者保護ガイドラインに関する公聴会で、報告書を提出し、「1981年以来、国連討議のトップとなっている消費者ガイドラインなるものは決してこと新しいものではない。それはアメリカ連邦政府の公正取引委員会（FTC）や食品医薬品局（FDA）、環境保護庁（EPA）、合衆国農務省といったような機関が実施している消費者を守る法律や規制を国際版にしたものにすぎない。故ケネディ大統領も消費者の権利憲章＝消費者の4つの権利[56]（筆者注）＝を20年以上も前に打ち出しているではないか。ガイドラインはその国際版の再現にすぎない。にもかかわらず、なぜアメリカだけがこのガイドラインに反対するか」[57]と論じた。IOCUのロビー活動は、引き続きピーターソンを中心としながらガイドライン採択のために展開されていった。

IOCUの国連ロビイストが消費者保護ガイドラインの採択に向けて果たした役割は大きかった。1985年4月9日に、国連総会は「国連消費者保護ガイドライン」[58]を採択するに至った。その内容は、どこの国も自国の消費者保護を口実にして、保護貿易主義に走らないよう配慮することを要求し、あわせて企業の責務を強調するだけでなく、消費者保護に寄与する企業の役割を認めるという妥協案でもあった。そこには、IOCUの要求するものがすべて網羅されているわけではなかった[59]。しかし、この結果として、各国政府は消費者保護政策の推進を求められ、消費者団体の役割（政策への意見表明、企業活動に対する監視、情報提供計画への参加等）が強調されることになった。

(iii) 採択後の展開

IOCUは、ガイドラインの普及のため、国連が主催する2つの消費者保護セミナー（1987年のモンテビデオでのセミナー、1990年のバンコクでのセミナー）に協力してきた[60]。モンテビデオでのセミナーは、消費者団体間の地域協力を奨励し、その結果、前述したようにIOCUは消費者団体の活動をつなぐためにモンテビデオに同年、地域事務所を設立した。それ以降、IOCUは、ガイドラインに基づき、ラテンアメリカとカリブ海地域の法事情を考慮しつつ、消費者保護モデル法案を作成してきている。そのモデル法案は、同地域の多く

の国々が消費者保護に関する新しい立法を行ううえで1つのガイドとして利用されてきた[61]。同様に、バンコクのセミナーにおいても、ＩＯＣＵのアジア太平洋地域における役割が強調されている[62]。

しかし、ガイドラインの性質上、各国政府や企業がガイドラインの基準を十分に活用しているとはいえないのが現状である。立法化や教育等にみられる消費者保護の普及活動は、依然として、地域レベル、国内レベル、あるいは国際レベルの消費者団体に依拠したままである。1992年に提出された事務総長のリポートは、消費者保護と国連のガイドラインを促進、強化するうえでＩＯＣＵなどの消費者組織の価値を明確に確認していた[63]。国連は、1995年にガイドライン採択10周年を迎えるので、そこで消費者保護に関する全体組織の創設を再検討する予定である[64]。ここに、ＩＯＣＵが1975年の大会決議以来、国連に求めてきた最後の要求が検討されようとしている。

Ⅲ．若干の理論的考察

以下では、ＩＯＣＵを「国際的社会集団」として位置付けるために、3つのアプローチ（アイデンティティ論、圧力団体論、社会集団論）を取り上げる。その理由は、これらのアプローチが学説史上、社会集団の本質に接近し、その機能を分析してきたからである。

1．アイデンティティ論からの考察

アイデンティティ論は、自我の統合機能を通して個人の内面と時代や外界との関係を明らかにしようとする考え方である[65]。換言すれば、「主体性の確立（自分自身のもの）」と「同一性（集団への帰属意識、社会的連帯）」を同時に求める精神作用の分析といえる。アイデンティティ論のなかでとりわけ重要な概念は、「アイデンティティの危機」である。アイデンティティの危機は、多数の準拠集団と役割を含んだ巨大な近代の職業社会に個人（とりわけ青年）がうまく適合できないときに生じる[66]。その場合、人は「自分が何者であるのか」を自己定義できない症状に陥るのである。

国際関係論でも、このアイデンティティ論にヒントを得て、個人だけでなく社会集団、国家、超国家組織をも疑似的な人格者として設定し、それらの内面的動機や葛藤を分析することによって国際社会のあり方を考察しようしている[67]。国際的社会集団（ＮＧＯ）の形成もこの心理的文脈から説明される。国際関係論の文脈でアイデンティティの危機が生じるのは、1つには全体社会の枠組みが国民社会から国際社会へと拡大しつつあるからであり、いま1つには国際社会における諸個人の準拠集団が国家のみでなくなってきたからである。このような変化のなかで、人々は「自分が何者であるのか」を問い、同時に自己実現可能な準拠集団を求めていくのである。国際社会においてこの二律背反を克服する1つの砦が国際的社会集団（ＮＧＯ）に求められる。国際的社会集団（ＮＧＯ）の急増は、そのことを如実に物語っている。

　このアイデンティティ論の観点から、国際消費者機構（ＩＯＣＵ）を考察すると、2つのことがいえよう。第1に、ＩＯＣＵは全体社会の枠組みが国民社会から国際社会に移行するなかで、消費の国際化に遭遇し、消費はもはや国民社会内で自己完結的な争点ではないことを示してきた。消費者としてのアイデンティティを、つまり消費者としての主体性と同一性を同時に確立するためには、他国の消費者と連帯しなければならなかったのである。そのことを示す画期的な出来事は、ＩＯＣＵの第3回大会で、イギリス消費者協会会員が途上国の消費者との連携をアピールしたことにみられる。これは、先進諸国のみの消費者ではもはや消費者としてのアイデンティティを確立できないことを意味していた。このように、ＩＯＣＵは、消費者のアイデンティティを確立するために国際的な準拠集団としてその機能を果たしてきたといえよう。

　しかし、第2に、ＩＯＣＵを疑似人格者として設定するなら、そこに現れる問題は、アイデンティティの動揺であろう。ＩＯＣＵは、アイデンティティを確立するためにＩＯＣＵ自身の自我を統合していかなければならない。それは、先進国の「豊かな消費者」が抱える問題と途上国の「貧しい消費者」が抱える問題の差異にどのように対応していくかにかかっている。それぞれの地域の主体性は成立しえても、先進国と途上国の消費者が同一性を保持できるかどうかは答えの出せない問題である。もちろん、ＩＯＣＵは同一性を保持するために

消費者運動を続けている。IOCUの拠点、ネットワークの拡大は、この同一性を作り出していくうえでの模索とみることができよう。

2．圧力団体論からの考察

圧力団体とは、自己の集団利益を促進するために政府に対して影響力を行使する私的な団体のことである[68]。圧力団体発生の原因は、第1に政治に反映される意思が多数存在してきたこと、つまり職業集団の多様化と、第2に職業集団の利益が議会政治では反映されにくい点にある[69]。

国際的圧力団体論は、国際的社会集団の圧力団体化をその利益要求の多様化と国際化、ならびに利益媒介制度の国際化（協議的地位）の文脈において考察している[70]。この視点は、諸個人が国際的な圧力団体を形成することによって便益、地位、影響力を獲得しようとする過程に注目してきた。

国際レベルでの圧力団体の発生は、国際的社会集団（NGO）の多様化と国際組織における利益媒介制度の確立に関係している。国際政治には、価値の権威的配分を行う中央政府が存在していないため、国際政治は国内政治のように構造化されていない。しかし、政府間の国際組織は共通の利益をもつ集団に活動の場所を与えてきたといえよう[71]。

国際組織において国際的な社会集団との利益媒介制度が確立したのは、国連が誕生したときである。国連憲章第71条[72]は、NGOとの協議取極[73]を規定し、国際的な圧力団体の利益吸収を保障している。1947年に最上位の協議的地位にランクされた7つのNGOのうち6つまでが職業集団（経営者団体、労働団体、協同組合、農業団体）であった[74]。これは職業集団の利益要求が国際化し始めたことを意味していた。それ以降、国連NGOの数は増加し（1947年：42、1951年：212、1960年：334、1970年：419、1980年：608、1991年：928）[75]、今や多様な集団が登場してきている。

さらに、圧力政治の国際化を促してきた要因としては、多国籍企業の発展と対抗利益団体の組織化とのインパクトが考えられる[76]。IOCUは、多国籍企業に対抗する利益団体として形成され、発展してきている。IOCUが消費者の利益を守るためにとってきた組織戦略は、協議的地位の取得とその活用、熟

練した国連ロビイストの派遣、国連セミナーの共同主催などであった。これは、IOCUが多国籍企業に対抗する手段ともなった。

　IOCUの圧力団体としての形成過程は、とりわけ途上国の消費者保護を促進、強化していく過程であった。有害商品や産業廃棄物に関わる二重基準あるいはダンピング問題を解決するためには、国連による同一の消費者保護基準（消費者保護ガイドライン）を必要としており、そのためIOCUは、国連の利益媒介制度（協議的地位）を通じて利益要求をしてきている[77]。それは、消費者が国際的な圧力団体を形成することによって、消費者の便益を増し、消費者団体の影響力を強める過程であったといえよう。

3．社会集団論からの考察

　アイデンティティ論は、国際的社会集団の形成をアイデンティティの危機を克服する過程として把握し、圧力団体論は、社会集団による利益要求の多様化と国際化、および利益媒介制度の国際化が国際的な圧力団体を形成するものと考えている。この2つの理論は、国際的社会集団の形成要因とその機能を「集団」のアイデンティティ志向と権力志向の両側面からとらえた説明である。しかし、両者は集団をその分析の中心に据えている点では共通している。つまり、集団は諸個人が心理的に同一化する対象であり、また諸個人の利益要求を実現してくれる対象でもある。

　ここでは、集団のさらにもう1つの機能に注目したい。それは、集団が諸個人を統合する機能である。この議論は、すでに社会学の社会集団（中間集団）論で展開されてきた[78]。それは、社会集団は上（国家）からの統合媒体としての機能と、下（個人ないし小集団）からの代表媒体としての機能を同時に果たすという考え方である。後者の機能については、上述の圧力団体論で検討しておいた。

　社会集団は、機能集団としては、「道具的（instrumental）」側面重視の集団と「表出的（expressive）」側面重視の集団に分類される[79]。前者の集団は、社会的影響力の増強を目的とする集団であり、組織化（分業関係と支配関係の確立）あるいは官僚化が進んでいる。そのため、寡頭制と疎外（集団との一体感の喪

失）といった問題が生じる。国際レベルでの代表的な集団は、国連ＮＧＯである。後者の集団は、集団との一体感、成員の自己表現のための集団であり、自我防衛機能、価値表現機能を果たす。問題点としては、規模が小さいため、集団の情緒化があげられる（例としては、草の根ＮＧＯ）。

中間集団としての機能を果たすのは、「道具的」側面重視の集団である（「表出的」側面重視の集団は、利益代表媒体と統合媒体としての機能をほとんど果たさないため、中間集団ではない）。この意味で、国連ＮＧＯに登録されている国際的社会集団は、中間集団としての機能を果たしている。国連ＮＧＯにおける個々の集団の組織化が進めば、中間集団としての機能はより強くなっていくといえよう。

ＩＯＣＵは、1960年に設立されて以来、Ⅱで述べてきたように、途上国における地域事務所の創設（マレーシアのペナンとウルグアイのモンテビデオ）やＩＢＦＡＮ、コンシューマー・インターポールといったネットワーク網の拡大によって集団の組織化を進めてきた。今日では、アフリカにおける地域事務所創設の検討、東欧経済の市場化に伴う消費者問題の検討等、ＩＯＣＵの組織化は、さらに拡大し、強化されつつある。

この組織化の過程は、世界の消費者を統合していく過程でもある。ＩＯＣＵは、「国連消費者保護ガイドライン」が採択されて以降、ガイドラインのもとに消費者を統合するためにさらなる組織化を進めてきた。これは、ＩＯＣＵが上（国連）から個々の消費者を統合する媒体として機能してきたことを意味している。したがって、圧力団体としての機能もあわせて考えるなら、ＩＯＣＵは国際社会における中間集団として位置づけられよう。

おわりに

ＮＧＯは、国家でもなければ、国際機構でもない。もちろん、それらの代替機能を果たせるわけでもない。国内の利益集団や社会運動が政府の機能を果たせないのと同じように、ＮＧＯは、国際社会において国家や国際機構と同じ機能を果たすことができない。

ＮＧＯは、草の根レベルのボランティア集団（開発協力、環境、人権等）だけでもない。確かに、1960、70年代以降登場してきたＮＧＯは、草の根タイプが中心であった。その集団の特徴は、同年代に西側先進諸国に登場してきた「新しい社会運動」[80] の特徴と類似している（主体：新中間層、組織：ネットワーク志向で小規模集団、価値：近代への懐疑と脱物質主義、争点：労働以外の生活問題）。ＮＧＯという用語が定着して以降、ＮＧＯといえばこの草の根タイプをイメージする傾向が強かった。しかし、草の根ＮＧＯがＮＧＯのすべてではない。

　ＮＧＯは多様で、また、その歴史は古い。ＮＧＯの歴史は、19世紀末期あるいは20世紀初期までさかのぼる。たとえば、国際協同組合同盟（ＩＣＡ）は1895年（ロンドン）、国際商工会議所（ＩＣＣ）は1920年（パリ）に創立され、両者とも、1946年に国連ＮＧＯのカテゴリーⅠとして登録されている。このように20世紀初期に続々と登場してきたＮＧＯは職業集団（経営団体、労働組合、協同組合等）を中心としていた。このことの今日的意義は決して無視できない。現在も、職業集団の国際化、組織化、圧力団体化は続いている。

　本章で、ＮＧＯを国際的社会集団の枠組みで理解しようとしたのは、ＮＧＯの分析単位が社会集団にあると考えたからである。本章で取り上げた国際的社会集団は、ボランティア集団でも、職業集団でもなく、消費者集団であった。本章では、消費者集団として情報提供型・告発型のＩＯＣＵに焦点を当てたために、生活協同組合型のＩＣＡを検討することができなかった。ＩＣＡ研究は、その集団の歴史の古さと規模の大きさなどの点からみて、ＩＯＣＵと同様に国際的社会集団の形成過程とその機能を考察するうえで重要な示唆を与えてくれるであろう。

　国際的社会集団は、消費者集団、職業集団、ボランティア集団等、実に多種多様である。本章で試みた議論は、研究の出発点にすぎず、国際的社会集団の定義、分類、形成過程、機能に関するより精緻な議論は、今後の研究課題としておきたい。

注

(1) 山影進「国際政治学の基本枠組みとその動揺」(『国際法外交雑誌』第89巻、1990年) 1-30頁。梶田孝道編『国際社会学——国家を超える現象をどうとらえるか——』名古屋大学出版会、1992年。

(2) Yearbook of International Organizations [以下ＹＩＯと略す], 27th edition, 1990/91 より算出。

(3) ＮＧＯの体系だった分類研究は存在していないが、以下の文献で多少の分類が試みられている。Harold K. Jacobson, *Networks of Interdependence* (New York: Alfred A. Knopf, 1979); Peter Willetts (ed.), *Pressure Groups in the Global System* (London: Frances Pinter, 1982).

(4) 福田菊『国連とＮＧＯ』三省堂、1988年、23-24頁。

(5) この場合の「社会集団」は、「基礎集団」(地縁、血縁による結び付き)ではなく、「機能集団」を指す。「機能集団」とは、ある特定の目的を達成するための手段として形成された社会集団である。富永健一『社会学原理』岩波書店、1986年、7-12頁。

(6) 砂田一郎「消費者・市民運動のトランスナショナルな連携」(『国際政治と日本の選択』法学セミナー増刊総合特集シリーズ18、日本評論社、1982年) 89-98頁。

(7) 馬場伸也『アイデンティティの国際政治学』東京大学出版会、1980年。

(8) 中原喜一郎「国際圧力団体」(『国際政治』第44号、1970年) 173-188頁。Lyman C.White, *International Non-Governmental Organizations* (New Brunswick: Rutgers University Press, 1951); Werner J. Feld, *Nongovernmental Forces and World Politics* (New York: Praeger, 1972); Willetts, *op.cit.*

(9) 井上俊・作田啓一「個人・集団・全体社会」(作田啓一・日高六郎編『社会学のすすめ』筑摩書房、1968年) 149-171頁。作田啓一「市民社会と大衆社会」(『思想』No.507、1966年9月) 32-46頁。古典的な文献としては以下を参照。Ｅ・デュルケム著、田原音和訳『社会分業論』青木書店、1971年；Ｅ・デュルケム著、宮島喬訳『自殺論』中公文庫、1985年。デュルケムは、近代の産業社会あるいは政治社会の病理現象(アノミー)を克服するうえで職業集団の組織化を重要視した。

(10) 白澤恵一編著『改訂版 国際化時代の消費生活』高文堂出版社、1992年、30-46頁。米川五郎・高橋明子・小木紀之編『消費者教育のすすめ』有斐閣選書、1986年、207-230頁。

(11) 久保田裕子「ＣＵの51年・ＩＯＣＵの27年——コルストン・Ｅ・ウォーン博士を偲んで——」(『国民生活研究』第27巻第3号、1987年) 34-60頁。

(12) 飯島源次郎編著『転換期の協同組合』筑波書房、1991年、17-62頁。

(13) 中川雄一郎「国際協同組合同盟(ＩＣＡ)の形成過程と第1回大会の意義」(『協同組合研究』第9巻第1号、1989年) 59-67頁。

(14) 久保田、前掲論文。
(15) Foo Gaik Sim, *IOCU ON RECORD, A Documentary History of the International Organization of Consumers Unions 1960-1990* (New York: Consumers Union, 1991), pp.25-28.
(16) *Ibid*.
(17) *Ibid*., pp.29-31.
(18) *Ibid*., pp.57-63.
(19) *Ibid*., pp.64-65.
(20) 久保田、前掲論文。
(21) アンワー・ファザール著、日本消費者連盟編訳『ジャンク・フード　国際消費者運動の新しい波』学陽書房、1982年。日本消費者連盟編『ノーといわれる日本』学陽書房、1990年。
(22) ファザール、同書、18頁の註（1）参照。
(23) Sim, *op.cit*., p.60.
(24) 日本消費者連盟編『アジアからのリポート ─ ＩＯＣＵセミナー、ペナン報告集 ─ 』日本消費者連盟、1980年。
(25) IOCU, *Proceedings of the 11th IOCU World Congress*, Bangkok, 9-14 Dec., 1984.
(26) IOCU, *Proceedings of IOCU Regional Conference for Latin America and the Caribbean*, Montevideo, 1-4 Oct., 1986.
(27) 1989年11月には、ヨーロッパ・北米地域事務所がオランダに設立された。
(28) IOCU, *Proceedings of the 11th IOCU World Congress*.
(29) IOCU, *Proceedings of the 12th IOCU World Congress*, Madrid, 15-20 Sep., 1987.
(30) Sim, *op.cit*., pp.61-62, pp.71-72.
(31) IOCU, *Proceedings of the 13th IOCU World Congress,* Hongkong, 8-12 July, 1991.
(32) IOCU, *Annual Report 1991.*
(33) Sim, *op.cit*., pp.134-141.
(34) カテリーヌ・ギルマン「消費者インターポール（消費者による国際監視網）」(『消費者をめぐる国際的動向 ─ 国連の消費者政策を中心として ─ 』東京都消費者センター、1982年) 5-29頁。
(35) ギルマン、同報告。
(36) 日本消費者連盟、国連関係コード集（アジア太平洋消費者会議資料1989年8月18-21日）。
(37) Sim, *op.cit*., p.95.
(38) Yearbook of the United Nations [以下ＹＵＮと略す] 1963, p.393.
(39) Sim, *op.cit*., p.96.
(40) *Ibid*., p.96, pp.101-107.
(41) *Ibid*., p.97.

(42) Statement submitted by Dorothy Willner, Representative of the International Organization of Consumers Unions (IOCU) to the United Nations, E/C.10/NGO/1, 23 February 1976.
(43) Sim, *op.cit.*, p.98.
(44) YUN 1977, p.760.
(45) *Ibid.*, pp.404-406.
(46) Statement Submitted by the International Organization of Consumers Unions (IOCU), Towards a United Nations comprehensive policy and an integrated approach to consumer protection, E/NGO/68, 8 July 1977.
(47) YUN 1977.
(48) Consumer Protection: A Survey of Institutional Arrangements and Legal Measures, Report of the Secretary-General, E/1978/81, 8 June 1978.
(49) Consumer Protection, Report of the Secretary-General, E/1981/75, 4 June 1981.
(50) YUN 1981, pp.556-557.
(51) ＩＯＣＵ理事の Lars Broch（当時、ノルウェー政府役人）も原案起草に参画。IOCU, *Annual Report 1985.*
(52) Consumer Protection, Report of the Secretary-General, E/1983/71, 27 May 1983.
(53) Statement submitted by the International Organization of Consumers Unions, Ｅ/1983/NGO/5, 12 July 1983; IOCU, *Proceedings of the 11th IOCU World Congress.*
(54) 野村かつ子「国連ガイドラインの採択に奮戦したエスター・ピーターソン女史」(『海外の市民活動』No.43、1986年11月) 59-70頁。
(55) E/1983/NGO/5.
(56) 以下の4つの権利である。1. 安全を求める権利。2. 知らされる権利。3. 選ぶ権利。4. 意見が聞き届けられる権利。巻正平『消費者問題読本第2版』東洋経済新報社、1987年、42-44頁参照。
(57) 野村、前掲、68頁から引用。
(58) YUN 1985, pp.571-575. 4章46節で構成される。ガイドラインは第3章であり、詳細は以下の通りである。A．身体の安全。B．消費者の経済的利益の増進と保護。C．消費財およびサービスの安全性と品質の基準。D．生活必需の消費財およびサービスの流通施設。E．消費者が補償を得る方法。F．消費者教育と情報計画。G．特定分野に関する施策。
(59) *IOCU Newsletter*, No.142, April 1985.
(60) Consumer Protection, Report of the Secretary-General, E/1990/76, 21 May 1990, E/1990/76/Add.1, 11 July 1990; IOCU, *Proceedings of the 12th IOCU World Congress; IOCU, Proceedings of the 13th IOCU World Congress.*
(61) E/1990/76.
(62) E/1990/76/Add.1.

(63) *IOCU World Consumer*, No.203, October 1992.
(64) *Ibid*.
(65) 栗原彬「歴史における存在証明を求めて」(『思想』No.521、1967年11月) 62-82頁。草津攻「アイデンティティの社会学」(『思想』No.653、1978年11月) 108-142頁。
(66) 富永、前掲書、102頁。
(67) 馬場、前掲書。
(68) Valdimer O. Key, Jr., *Politics, Parties, & Pressure Groups*, 5th ed. (New York: Crowell Company, 1964), pp.128-161.
(69) 横越英一『政治学体系』勁草書房、1962年、217-230頁。
(70) White, Feld, Willetts, *op.cit*.
(71) Clive Archer, *International Organizations*, 2nd ed. (London and New York: Routledge, 1992), pp.131-178.
(72) 第71条「経済社会理事会は、その権限内にある事項に関係のある民間団体と協議するために、適当な取極を行うことができる。この取極は、国際団体との間に、また、適当な場合には、関係のある国際連合加盟国と協議した後に国内団体との間に行うことができる。」
(73) 福田、前掲書、23頁参照。
(74) YUN 1946/47, p.554.
(75) YIO, YUN, List of Non-governmental Organizations in Consultative Status with the Economic and Social Council in 1991, E/1991/INF/7, 19 August 1991.より算出。
(76) 内田満『現代アメリカ圧力団体』三嶺書房、1988年、56頁。
(77) 現在、ＩＯＣＵは国連多国籍企業行動基準の採択に向けて国連に働きかけている。
(78) 作田、前掲論文。
(79) 同論文。
(80) Claus Offe, "New Social Movements: Challenging the Boundaries of Institutional Politics", *Social Research*, Vol.52, No.4, 1985.

第3章　国際消費者運動　──変革の対象と方法──

はじめに

　近年、国際消費者運動の役割が国連などの場で高く評価されている。とりわけ、1992年5月に発表された国連事務総長の消費者保護に関する報告書は、国際消費者機構（International Organization of Consumers Unions、ＩＯＣＵ）などの消費者運動が果たしてきた積極的な役割を確認している[1]。

　その背景には、今日の国際社会において、商品や企業などが国境を越えて移動し、その動きがますます活発になってきている国際化の現象がある。消費者にとって、この自由な商品の動きは、安いものや品質の良いものを手に入れる機会を広げることになっている。しかし、それとは裏腹に生活にそれほど必要でないものや安全性に問題がある有害商品、欠陥商品なども、消費者保護の強い国から弱い国へと移動するケースが増えてきている[2]。たとえば、発展途上国では、国内の生活事情をあまり考慮しない結果、添加物を多く含んだ加工食品や医薬品、農薬などその他多くの商品が先進諸国から国境を越えて売られるようになり、途上国における消費者問題の引き金になっている。また、最近では、日本においても、国家間の規制の違いから内外価格差の問題だけでなく、輸入食品に含まれている添加物や残留農薬、あるいは1986年のチェルノブイリ原子力発電所事故による汚染食品に対して、消費者の不安が高まっている[3]。

　消費者の側は、このような現状に対して、自らの利益を増進させ、また権利を守るために、国際レベルにおける消費者による消費者のための組織を結成してきた。商品や企業が国境を越えて活発に移動するのに伴い、消費者運動も国際的な対応をとってきたといえる。

　では一体、国際消費者運動は、どのように国際レベルで消費者保護に貢献し

てきたのか、本章では、消費者運動の展開過程に焦点を当て、そのことを探っていきたい。とりわけ、消費者運動も社会運動の1つである以上、何かを変えていこうとする人々の集まりであるので、国際的な消費者運動とは、一体何を、どのように変えていこうとしているのか、その変革の対象と方法について、ここで明らかにしていきたい。

I．消費者運動の類型

一口に消費者運動といっても、歴史的あるいは社会的背景によっていくつかの運動タイプに分かれている。消費者運動の国際組織は、これらのいくつかのタイプを母体にして形成されてきたので、まず最初に国内社会で登場してきた消費者運動のタイプについて簡単に整理しておきたい。消費者運動の類型化を

表1

		生活協同組合型	情報提供型	告発型
発生時期		1840年代	1920年代	1960年代
時代背景		資本主義形成期	大量生産 フォーディズム	高度大衆消費社会
発生場所		イギリス	アメリカ	アメリカ
代　表		ロッチデール公正開拓者協同組合	米国消費者同盟	ラルフ・ネーダー
変革の方法	変革の対象 消費者	・協同組合づくり ・Han Group（班組織）	・商品情報誌の出版	・告発のための動員 ・権利意識の高揚 （消費者主権）
	生産者	・産地直送取引 （農協・漁協との提携） ・COOP商品の販売	・商品テスト	・不買運動 ・訴　訟
	政　治 （法と行政）	・労組・婦人団体との連帯 ・大衆運動	・行政との連帯 （北欧・日本）	・ロビー活動 ・消費者保護関連法案可決要求 ・消費者保護監督官庁設立要求

出所）筆者作成

試みたのが表1である。

　消費者運動には大きく3つのタイプがあるといわれている[4]。それは、時系列的にいうと、生活協同組合型、情報提供型、告発型に分かれる。生活協同組合型は1840年代のイギリスに、情報提供型は1920年代のアメリカに、告発型は1960年代のアメリカにおいて発生している。それぞれの消費者運動は、時代背景によってその特徴が異なっているだけでなく、その運動独自のスタイルによっても異なってくる。つまり、それは消費者運動が消費者の利益を増進させるにあたって、一体何を、どのように変えていこうとしているのかという運動の戦略上の問題と深く関わっているからといえよう。

　消費者運動がかかげる変革の対象は、大きく3つに分かれる。それらは、第1に消費者自身であり、第2に生産者であり、第3に消費者と生産者の関係に影響を及ぼす政治、あるいは法や行政である。消費者問題は、消費者の消費や生活のあり方、生産者の生産のあり方（あるいは流通、販売のあり方も入る）、そして最後に消費と生産のあり方に影響を及ぼす政治のあり方、これら三者間の関係によって、その問題の特徴を変えてくる。つまり、第1に、消費者は商品購入の際、合理的な選択ができているのか、必要以上に過剰消費していないか、第2に、生産者は不当に価格をつりあげていないか、必要以上に過剰生産していないか、不当広告、不当表示をしていないか、第3に、政治は消費者保護を重要な議題として認識しているのかどうか、政策決定過程に消費者代表が十分参加しているのかどうかなど、消費者問題は、これら三者のあり方によって変わってくる。それゆえに、3つのタイプの消費者運動は、またそれぞれに3つの変えていくべき対象を設定しているわけである。

　では、消費者運動は、消費者自身、生産者、政治の三者をどのように変えていこうとしているのか、あるいは、どのように消費者を保護しようとしているのだろうか。この問いは、消費者運動の戦略がどのような変革の方法をとってきているのかを意味している。3つのタイプの消費者運動は、消費者、生産者、政治の三者に応じた運動スタイルをとってきた。

　まず第1に、生活協同組合型は、自らの生活共同体をつくることによって、自前の商品を供給あるいは生産していく運動といえる。このタイプは、消費者を

保護するために、共同購入組織といった生活の共同体をつくっていく。その原型は、1844年に誕生したイギリスのロッチデール公正開拓者協同組合（Rochdale Society of Equitable Pioneers）に求められる[5]。近年では、世界の協同組合から模範例とされ、協同組合の世界共通語になっている日本のＨＡＮ ＧＲＯＵＰ（班組織）が、その代表例と考えられるかもしれない[6]。生産者へのインパクトとしては、生活協同組合自らが「コープ商品」を企画、生産、販売したりするケースがあげられる[7]。政治レベルでは、労働組合や婦人団体と連帯し、公共料金や物価値上げなどの反対運動を展開してきた。

　第2に、情報提供型は、消費者が合理的に商品選択できるように、情報誌を通じて商品知識を消費者に広めていく運動といえる。また、金銭的余裕や専門知識があれば、商品の品質、安全性を検査するために消費者運動団体自らが商品テストをも行う。商品テストの結果は、逐一情報誌上に公表される。1936年に結成された米国消費者同盟の『コンシューマー・リポート（Consumer Reports）』やイギリス消費者協会の『ウイッチ？（Which?）』といった消費者情報誌は、この運動タイプの原型と考えられる。日本や北欧などでは行政の商品テストと連携しているケースが見受けられる。

　第3に、告発型は、高度大衆消費社会の到来とともに登場してきた。それは、アメリカの有名な消費運動家ラルフ・ネーダー[8]に代表されるように、生産者に対して消費者の権利意識を高めていく運動、あるいは社会全体に消費者の権利（コンシューマリズム）を当然のものとして認識させていく運動だといえる。告発型は、生産、販売のあり方が消費者に不利益をもたらすものであれば、不買運動や裁判闘争を通じて積極的に消費者の権利を行使する。たとえば、アメリカにおける欠陥自動車や欠陥テレビなどの告発は、やがて法律による規制にまで発展していき、社会的な影響を与えてきた[9]。また、政治的には、消費者保護法の制定と消費者保護監督官庁の設立を要求することによって、消費者の権利を普遍的なものにし、消費者の代表が十分に政策決定過程に参加できるように努めてきた[10]。そのことは、すでに、経済協力開発機構（ＯＥＣＤ）の消費者政策委員会が1983年に発表した報告書のなかで確認されている。報告書は、消費者団体が実際に政策決定過程に与えたインパクトを判定することは難しい

としつつも、1960年代、70年代を通じて消費者の意見が正当な利益として政策決定過程に組み込まれ、消費者団体が多くのOECD加盟国で制度的地位を得てきたことを認めている[11]。

Ⅱ．消費者運動の国際的展開

　国際消費者運動は、表1で示してきた国内の消費者運動を母体にして、消費者問題の国際化に対応するために、また消費者の権利を普遍的なものにするために形成、発展してきたといえる。消費者問題の国際化は、商品や企業が国境を越える際に、商品の規格や安全性基準、あるいは消費生活のあり方などが国家間によって異なるところから生じてきている。国際消費者運動の展開過程をみていくうえで、消費者問題の国際化と消費者主権の普遍化、あるいは権利意

表2

		ICA	IOCU
消費者運動類型		生活協同組合型	情報提供型・告発型
設立年		1895年	1960年
設立場所		イギリス　ロンドン	オランダ　ハーグ
当初の目的		協同組合間協同と平和	商品テストと情報交換
構成メンバー		79か国、199団体	70か国、178団体
変革の方法		（1991年現在）	（1992年現在）
変革の方法	変革の対象		
変革の方法	消費者 （主に途上国）	・組合参加 ・組合づくりの援助 ・協同社会の価値観を普及	・地域事務所 ・情報ネットワーク
変革の方法	生産者 （主に多国籍企業）	・インターコープ ・協同組合間協同	・不買運動 ・商品テスト
変革の方法	政　治 （国連とGATT）	・1995年を「国際協同組合年」 　とするよう国連に要求	**・国連消費者保護 　ガイドライン ・国連多国籍企業行動基準 ・コーデックス・アリメン 　タリウス委員会**

出所）筆者作成

識の普及は重要な点である。

表1で示した国内の消費者運動のタイプを、具体的に国際消費者運動にあてはめてみたのが表2になる。国際消費者運動には、代表的な国際組織が2つある。それらは、生活協同組合型を母体とした国際協同組合同盟（International Co-operative Alliance、ＩＣＡ）[12]と情報提供型・告発型を母体とした国際消費者機構（ＩＯＣＵ）[13]である。ＩＣＡもＩＯＣＵも、国内レベルと同様に、それらの変革の対象として消費者、生産者、政治の三者を設定しており、また、それぞれの対象に応じた変革の方法をつくりだしている。最近では、草の根タイプの市民運動も、安全な食品を購入するために国際的な産地直送による消費者運動を展開している。バナナなどの草の根貿易は、その例といえよう[14]。

ここでは、まず最初にＩＣＡとＩＯＣＵの簡単な比較をし、そのあとで現在ほとんどの国の消費者にとって無関係ではいられなくなってきている国際的な政治課題に焦点を当て、国際消費者運動の変革の対象と方法について論じていきたい。

1．国際協同組合同盟（ＩＣＡ）

ＩＣＡは、1895年にロンドンにおいて創立されている[15]。それは、生活協同組合の原型（ロッチデール公正開拓者協同組合）がイギリスにおいて最初に誕生し、成功していたことを反映していた。設立当初の目的は、生活協同組合や農業協同組合などをはじめとしたいくつかの協同組合の提携を図ることによって、当時の低賃金労働者を中心とした組合員の生活を防衛すること、そして世界平和を実現することにあった[16]。この目的は、基本的には現在も変わっていないといえる。

ＩＣＡが設立されて100年近くになるが、同盟自身が消費者問題のために独立の作業部会をもとうとしたのはそんなに古いことではなかった。そのきっかけをつくったのは、1957年の第20回ストックホルム大会でフランスの生活協同組合が提出した「協同と健康」と題する決議である[17]。その決議文は、広範囲に及ぶようになった商品に関して、消費者保護と消費者教育の必要性が存在していることを認めている。とりわけ、健康の観点から、消費者を守るうえで国

際レベルと国内レベルの協同組合運動が取り得る最も適切で効果的な行動を検討する国際会議の開催を同盟執行部に要求している。ICAも、その当時、先進諸国が経験していた高度大衆消費社会の到来に強く影響を受け、その対応に迫られていたと考えられる。

　この決議を受け、1962年には同盟組織内部に消費者作業部会が設置され[18]、1973年には同作業部会が消費者政策機構（生協委員会）[19]に格上げされた。また、その間、1969年の第24回ハンブルク大会においては、「消費者権利宣言」が採択されている[20]。この宣言の起草者、コーラー博士（R. Kohler、スイス）によると[21]、「消費者権利宣言」は、国連の人権宣言と、1962年にアメリカのケネディ大統領が議会に送った消費者保護に関する特別教書を念頭において作成されている。ICAは、この一連の動きをきっかけにして、協同組合活動を通じて消費者における権利意識を高めていった[22]。

　ICAは、消費者の保護あるいは消費スタイルを見直すために、各国の生活協同組合や農業協同組合といった協同組合セクターの拡大と、さらに、われわれは営利企業ではないという協同組合のアイデンティティ確保に努めてきた。しかし、協同組合のアイデンティティあるいは基本的価値は、1960年代以降の西欧諸国を中心としたスーパーマーケットのチェーン店増加による競争の激化、あるいは多国籍企業の進出によって危機的状況にさらされている[23]。たとえば、イギリス生活協同組合の市場占有率と組合員数の長期的低下、1974年におけるドイツ生活協同組合の株式会社への転換、1985年のフランス第2位、第3位生活協同組合の倒産、さらには、1988年のアメリカバークレイ生活協同組合の倒産といった崩壊現象は、協同組合の基本的価値を根底から揺さぶり続けてきた[24]。

　ICAは、このような危機的状況を単なる生活協同組合の経営上の問題としてとらえず、1980年の第27回モスクワ大会以降[25]、協同組合の思想上の危機、あるいは組合員の参加の問題としてとらえるようになった。現時点におけるICAの大きな役割は、協同組合の基本的価値を検討することだといっていいであろう。レイドロー報告[26]やベーク報告[27]などは、世界における協同組合のアイデンティティを再確認するものであり、国際協同組合運動の体系的な方針を提示している。1992年にICAの第30回定期大会がこの日本で開かれたのも、積

極的な組合員の参加をつくりだしている日本の班組織が西欧諸国だけでなく、途上国における協同組合づくりの模範になるからという理由があったからである[28]。

ところで、生活協同組合は、国内の競争相手のみならず国境を越えて進出してくる多国籍企業とも競争しなければならない。ＩＣＡは、すでに1970年に消費者協同組合流通取引国際機構 (International Organization for Consumer Co-operative Distribution Trades) いわゆるインターコープを設立し、国際的な協同組合間の貿易組織を独自に運営してきた[29]。インターコープは、世界市場における食料や日常製品の共同購入を促進してきたが、いまだ商品数も限られ、地理的にもヨーロッパを中心にしたものにしかすぎない。

さて、次に政治との関係をみてみよう。国際協同組合同盟は、すでに1946年に国連ＮＧＯとして認可されている[30]。これは、国連のなかで、とりわけ途上国の経済的、社会的発展にとって協同組合運動の果たす役割が大きいことを意味している。1968年に国連総会で採択された決議2459号「経済社会発展における協同組合の役割」[31]は、協同組合運動にとって大きな前進となった。最近では、協同組合活動をもっと世界的に広げていくために、1995年を「国連国際協同組合年」とするよう国連で要求活動を展開している[32]。

しかし、ＩＣＡは、途上国の消費者問題（二重基準問題など）を解決するために、国際レベルにおける消費者保護政策の実施を積極的に政府間国際機構に要求する運動スタイルはとってこなかった。それは、協同組合の保護の対象が基本的には組合員だからであり、消費者全般ではないからだと考えられる。

そこで重要な役割を担ってくるのが、国際消費者機構（ＩＯＣＵ）ということになる。以下では、ＩＯＣＵにみられる変革の対象と方法について述べることにする。

2．国際消費者機構（ＩＯＣＵ）

ＩＯＣＵは、1960年に米国消費者同盟、イギリス消費者協会、ベルギー消費者同盟、そしてオランダ消費者同盟とオーストラリア消費者同盟が中心となって創立された[33]。創立当初の目的は、先進諸国の消費者を対象にした情報交換

と商品テストの国際的な拠点として機能することであった。

　しかし、やがて、消費者保護規制の強い先進諸国から、規制の弱いあるいは無防備の途上国に商品が多く移動するにしたがい、また途上国のニーズや生活文化に合わない商品が多く入ってくるに及んで、ＩＯＣＵもこれらの国際的な消費者問題に無関心ではいられなくなってきた。1970年の第6回バーデン大会においては、ジャマイカ出身の会員から、輸出国では製造、販売が禁止されている商品が、輸入国である途上国で販売、あるいは多国籍企業によって製造されているという、いわゆる二重基準の問題が提議されている。その顕著な例が、医薬品や農薬などにみられた。

　ＩＯＣＵは、まず第1に、途上国の消費者を保護するために、また消費者のあり方を変えていくために地域事務所と消費者保護ネットワークの拡大を変革の方法、あるいは組織戦略としてかかげていくことになった。第2に、生産者に対する変革の方法は、不買運動と商品テストを通じて展開されてきた。第3に、政治に対する変革の方法は、国連やガットなどの場における政策に影響を及ぼすこと、さらに国際政治の政策決定過程に参加することのなかに見受けられる。

　第1の点に関して、1974年にはマレーシアのペナンにアジア太平洋地域事務所が、1986年にはウルグアイのモンテビデオにラテンアメリカ・カリブ海地域事務所が設立されている[34]。ＩＯＣＵは、これらの拠点を足掛かりに、各国政府の消費者保護法制定に協力、あるいは、各国消費者団体の援助活動を通じて、とりわけ途上国の消費者保護に努めてきた。最近では、1992年2月に西サモアにおいて、ＩＯＣＵは、南太平洋13ヶ国の政府関係者や民間人と共同で「消費者教育と保護法のワークショップ」を開催している。そこでは、消費者保護法の草案として参考になる「モデル・ロー」、模範的な法律が作成されている[35]。さらに、同年には、パプアニューギニアの貿易産業省がＩＯＣＵと共同で、「消費者教育ワークショップ」を開催している。その結果、パプアニューギニア政府は、消費者問題局なる消費者保護官庁を設置すること、西サモアのワークショップで作成されたモデル・ローをもとにして、消費者保護法を制定する意向があることを公表している[36]。拠点を拡大するうえでの重要な原則は、ＩＯＣ

Uが、ある国内に入って消費者団体を援助することはあっても、決してIOCU自身が消費者団体を創設しないことである。当然のように聞こえるかもしれないが、創設という行為がその国の消費者の権利意識を最初から摘むことになるからである。

　第2の組織戦略は、消費者保護ネットワークの拡大である。この戦略は、途上国の消費者を危険な商品から保護するために展開されている。具体的には、乳幼児食品、医薬品、農薬など極めて人体に強く影響を及ぼす商品に関して、危険性があれば、情報ネットワークがその商品内容について消費者に知らせる仕組みをとっている[37]。代表的なネットワークには、1981年に設立されたコンシューマー・インターポール（消費者による国際監視網）がある[38]。これは、有害な農薬、医薬品、化学物質などが無制限に取引されることに対して警告を発する役割を担っている。情報ネットワークの発信基地は、マレーシアのペナン消費者協会を中心としており、途上国における消費者運動団体の役割は、1980年代以降、IOCUのなかで重要なものになってきている。

　第2に、生産者、とりわけ多国籍企業が製造、販売している商品のなかで消費者に危害を及ぼすと判断したものであれば、IOCUは、その商品に対して不買運動を展開してきた。たとえば、1970年代以降、世界的な消費者問題となった粉ミルクの製造、販売、および宣伝活動は、アメリカだけでなくその他の先進諸国や途上国において、消費者側が粉ミルク反対運動を展開する原因となった。とりわけ、途上国においては水道などの衛生上の問題を配慮しない販売、宣伝活動が繰り広げられ、大きな社会問題になった。1979年には、アメリカ、スイス、マレーシアの消費者団体が中心となり、各国における粉ミルク反対運動団体を結集し、情報交換や共同行動をするための国際乳幼児食品行動ネットワーク（International Baby Food Action Network、IBFAN）を結成した[39]。これは、前述した消費者保護ネットワークの1つである。国際的な粉ミルク反対運動の成果は、1981年に世界保健機構（WHO）で採択された「母乳代替品販売に関する国際基準」にみることができる[40]。

　粉ミルクの事例だけでなく、消費者問題の国際化は、消費者運動の国際組織を形成、発展させる大きな原因となっている。同時に、消費者問題の国際化は、

消費者保護のあり方や消費のあり方を国際的な枠組みのなかで検討するきっかけを与え、また生産や販売のあり方を国際的な基準のもとで規制する制度をつくりだす契機にもなっている。こうした一連の流れは、政府間国際機構における消費者問題への取り組みを不可避にしてきた。粉ミルクに関する世界保健機構の国際的な基準は、その1つの例といえる。つまり、それは、消費者問題が国際レベルで「政治化」してきたことを意味している。換言すれば、現在の国際社会は、消費者が利益を増進させ、また権利を行使するために、どのような国際的な枠組みやルールをつくっていくのか、という課題に直面しているといえよう。

　ＩＯＣＵも、また、この課題に直面している。なぜなら、途上国の消費者を保護するうえでも、あるいは消費者のあり方を変えるうえでも、また多国籍企業などの生産者の勢力と対抗するためにも、国際消費者運動の力ではおのずと限界があるからである。その限界を克服するために、ＩＯＣＵは、国連などの政府間国際機構に消費者保護の利益要求を行い、そして政策決定過程への政治参加を要求してきたのである。それゆえ、ＩＯＣＵは、常に国際政治に参加するための組織的対応をとってきた。1993年5月の理事会では、組織再編の一環として、世界的な政策・キャンペーン担当部局の創設が決定されている[41]。これは、ＩＯＣＵが国際政治に参加するためにとった組織的対応であったといえる。

　ＩＯＣＵが国際政治に利益要求、あるいは参加要求を始めたのは、つい最近のことではない。それは、ＩＯＣＵの創立間もない頃から続いている。先進諸国の消費者運動が国内の消費者保護政策でイニシアティブをとってきたように、国際社会においても消費者保護政策に関して国際消費者運動がイニシアティブをとってきたといえる。しかし、ＩＯＣＵが抱える政治的課題は、依然として残っている。つぎに、ＩＯＣＵがどのように国際政治を消費者保護に基づかせる方向に変えようとしてきたのかについて説明しておこう。

Ⅲ. 国際消費者機構（IOCU）の政治的課題
―― 国際レベルにおける消費者問題の「政治化」――

　IOCUが国際政治に参加する理由は、国際的な政策決定機構の場で、各国の消費や生活に関する取り決めがなされているからにほかならない。現在、IOCUが抱えている政治的課題は3つある。それらは、まず第1に、各国の、とりわけ途上国の消費者保護政策を推進させること、第2に、多国籍企業の活動を消費者の利益に基づかせること、第3に、国際政治に消費者団体の代表が参加することである。以下では、IOCUがこれら3つの課題にどのように対応していったのかについて検討しておく。

1．国連消費者保護ガイドライン

　国連消費者保護ガイドラインが出てくる背景には、国際社会が依然として生産者優位の社会であり、各国政府、とりわけ途上国政府による消費者保護政策が未整備のままだという問題があった。そこには、消費者保護法はおろか消費者運動団体すら存在していない途上国に先進諸国から多くの商品が入り、途上国の消費者が商品知識の点でも法的規制の点でもその現状に十分対応しきれていないという問題があった。輸出国では製造や販売が禁止されている商品が規制のない途上国で製造、販売される二重基準問題も、途上国側の消費者保護対策が行き届いていなかったからにほかならない。IOCUは、このような消費者問題を解決するためには、途上国政府自らが消費者保護政策を実施する必要性があることを痛感していた。

　IOCUは、途上国を中心とした消費者保護政策が遅れている国々の問題を克服するために、国連に対して参加要求、利益要求を行ってきた。IOCUは、1963年には国連NGOとして認可され、それ以降、国連に対し消費者問題を議題として取り上げることを要求してきた。1975年には、国連に対し、加盟国における消費者保護の現状報告の提出、消費者保護モデル法案の作成、各国政府による法案の採択推進、およびその実施について監視する消費者保護機関の設

置などを要求している⁽⁴²⁾。ＩＯＣＵは、ガイドラインが採択されるまで、終始、政治戦略として国連に熟練したロビイストを送り込み、国連への圧力活動あるいは協力活動を展開してきた。

　国連がようやく本格的に消費者問題に着手したのは、1977年のことである。消費者保護ガイドラインの原案は、1982年に加盟国政府に提出され、修正された後、翌83年に経済社会理事会で討議されたものの採択には至らなかった。それは、アメリカがガイドラインは自由主義経済を脅かすものとして反対したからである。それ以降、国連は、ＩＯＣＵと国際商工会議所（International Chamber of Commerce、ＩＣＣ）からの提案なども受け入れながら、検討を重ねていった⁽⁴³⁾。結果的には、1985年に消費者側と生産者側の妥協の産物として、国連消費者保護ガイドラインは採択されている。

　このガイドラインは、各国政府に、とりわけ途上国政府に参考となる消費者保護政策の基本的な枠組みを提示している。1992年に出された国連事務総長の消費者保護に関する報告のなかでは、いくつかの国がこのガイドラインを参考にして消費者保護政策を実施しているケースがあげられている⁽⁴⁴⁾。また、ガイドラインに関する作業を途上国で実施していく際に、ＩＯＣＵの協力も欠かせないものになってきている。国連主催の消費者保護セミナーが1987年のモンテビデオと1990年のバンコクにおいて開催された際にも、ＩＯＣＵはその地域の法制度を考慮しつつ、ガイドラインに基づいたモデル・ローを発展させてきた⁽⁴⁵⁾。ＩＯＣＵは、消費者保護法の制定だけでなく、消費者保護教育のためのワークショップなどにも積極的に力を入れている。前述した南太平洋のケースもこの一連の作業のなかに含まれている。

　このように、ＩＯＣＵの第1の政治的課題は、ガイドラインが採択されて以降、徐々に進展してきた。ただ、一部の先進諸国を除いたほとんどの国、たとえばアフリカや旧社会主義諸国における消費者保護政策はまだ整備されていないので、国連にとってもＩＯＣＵにとっても、今後の課題は依然として残っているといえよう。

2. 国連多国籍企業行動基準

　IOCUが国連を舞台とした第2の政治的課題は、多国籍企業の行動を規制することにある。ここでの規制は、海外資本の進出や自由競争を規制することではなく、多国籍企業の行動が消費者の利益に反する場合の規制である。粉ミルク反対運動のケースにもみられるように、多国籍企業の動向は、各国の消費者に対して大きな影響を与えてきた。消費者個人の消費行動だけで多国籍企業に対応できるものではないし、あるいは消費者運動による不買運動や商品テストにも限界がある。また、企業の厳しい経済的な倫理基準にのみ公正な経済活動を期待できるものでもない。そこで、どうしても、多国籍企業の行動を制御するために国際的なルールや枠組みが必要となってくる。事実、現在の国際社会には多国籍企業をコントロールする首尾一貫した国際的な組織やルールは存在せず、それが二重基準などの消費者問題の引き金にもなってきた。

　IOCUは、多国籍企業に直接的に不買運動や商品テストなどを通じて圧力をかけていっただけでなく、政府間国際機構への利益要求を通じて多国籍企業のあり方を規制する戦略もとってきた。現在では、後者の戦略が非常に重要になってきている。

　国連が多国籍企業の調査に着手したのは、1972年のことである。そのとき、経済社会理事会は、多国籍企業の役割と影響を調べるために調査グループ「賢人会」を任命することを事務総長に要請している。1974年には、賢人会の報告書（開発過程と国際関係に与える多国籍企業のインパクト）[46]が公表され、多国籍企業委員会とその事務局を担う多国籍企業センターが経済社会理事会に設置[47]された。それ以降、国連は、多国籍企業をめぐって2つの立場に分かれてきた。1つの立場は、多国籍企業は経済発展の推進力なので、海外投資を促進するうえで国際的な整備が必要だとするグループにみられ、もう1つの立場は、多国籍企業の経済的役割は基本的には認めつつも、その広範囲で強力な行動には規制が必要だとするグループにみられる[48]。前者は先進諸国のグループにみられ、後者は途上国と国際的な消費者団体、労働団体などのグループにみられた。

　多国籍企業行動基準案（以下、行動基準案）は、1976年より多国籍企業委員

会によって検討され始めた[49]。1970年代は、「新国際経済秩序」の時代が到来することによって、行動基準案の議論が両極化することになった。当時、途上国は、国連総会の場に多国籍企業の活動を規制、監視する要求を突きつけていた。しかし、1980年代に入ると、途上国の考え方が変化してきた。多国籍企業への反感は、直接海外投資をひきつける強い願望へと変わってきたのである[50]。それは、途上国の経済成長にとって、多国籍企業が技術移転、雇用の創出、輸出の増大などで大きな役割を果たしてきたことを反映していたからである。その変化を受けて、多国籍企業行動基準案も規制の弱いものへと変化していった。ただ、多国籍企業の経済成長に対する貢献を最大限にし、否定的な効果を最小限におさえる行動基準案の目的に、基本的に変化はなかった。

しかし、行動基準案は、依然として企業規制の色合いが強いということで、アメリカ、日本、イギリス、ドイツは終始反対の立場に立ってきた。ついに、1992年7月に多国籍企業委員会の特別政府間協議のもとで、行動基準案は廃案になっている[51]。

IOCUは、基本的には、多国籍企業が世界経済の成長に果たしてきた役割を認めているものの、多国籍企業が消費者に及ぼす悪影響に対しては規制の必要性を痛感してきた[52]。それゆえ、IOCUは、1970年の第6回大会以降、国連に積極的に多国籍企業の規制を要求してきた。その政治戦略は、消費者保護ガイドラインのときと同じように国連にロビイストを送り込むことであった。最近では、1990年代に入り、行動基準案の採択が不確実になってきた頃、IOCUは行動基準案に同意する政府代表と連携する戦略を取り始めている。1992年4月にニューヨークで開かれた第18会期の多国籍企業委員会において、IOCUは、オーストラリア政府代表と連携し、立ち消えになっていた行動基準案の交渉再開を委員会に要求している[53]。同年7月に行動基準案は廃案になったものの、グローバルビジネスガイドライン案として多国籍企業行動基準案を新しく蘇生させたのはオーストラリア政府代表の功績によるものであった。

このように、多国籍企業の規制をめぐる成果はまだ消費者運動のなかに具体的には現れていない。その運動の成果は、国連で多国籍企業に関する規制の枠組みやルールができるかどうかに関わっているといえよう。

3．コーデックス・アリメンタリウス委員会

　現在、国際政治の懸案になっているガット交渉のあり方も消費者に大きな影響を及ぼしつつある。ガット交渉をめぐって、ＩＯＣＵには2つの問題がある。その1つは、農産物の輸出入に対する規制の全面的撤廃について消費者運動の間に不一致が生じていることである。もう1つは、ガット交渉による安全基準の整合化（harmonization）が消費者に及ぼす影響と、ガット交渉の協議から消費者の代表が締め出されていることである。

　第1の問題は、1991年の第13回香港大会において起こった。その理由は、ヨーロッパの消費者団体が農産物規制の全面撤廃に賛成したのに対して、日本の消費者団体は、全面撤廃が必ずしも消費者の利益につながらないとして反対の立場をとったからである[54]。ヨーロッパの消費者団体は、農産物と工業製品とを同列に扱い、日本の消費者団体は農産物を工業製品と同列に扱うべきではないと判断していた。議論の結果、大会の決議文には、反対意見の立場を考慮しながら、「農産物の輸出入に対する規制の全面的撤廃は、先進国、発展途上国いずれにおいても必ずしも消費者の利益となるとは限らない」[55]という修正が加えられた。今まで、消費者保護ガイドラインと多国籍企業行動基準をめぐる政治的要求に関しては消費者運動間に不一致がなかっただけに、農産物の輸出入をめぐる消費者運動間の不一致は、ＩＯＣＵに新たな課題をつくったといえる。

　第2の問題は、ガット交渉のあり方そのものに関わっている。ＩＯＣＵは、基本的には、国際貿易の自由化を支持し、できるだけ早い時期にウルグアイラウンドが成功することをガットに要求してきた。しかし、ガット交渉の成立が健康、安全、環境基準を犠牲にして達成されるものであってはならないことをも強調している。

　強調するのには、もちろん理由がある。現在のガット・ウルグアイラウンド交渉が無事成立すれば、自由貿易の促進を保証するために、食品関係の安全基準は、コーデックス・アリメンタリウス委員会（Codex Alimentarius Commission。ＦＡＯ・ＷＨＯ合同食品企画委員会、1962年設立）によって決定されることになる[56]。もし、ガット加盟国が、残留農薬や食品添加物などに関して委員会の安全基準よりも高い基準を設定していたとしたなら、それは、自由貿易にとっ

て不当で、不必要な障壁としてみなされる。加盟国は、その高い基準を維持する必要があるのなら、ガットに対してその科学的根拠を明示しなければならない。ここで、消費者にとって問題なのは、自国の安全基準が委員会の基準より高い場合である。北欧諸国やその他のいくつかの先進諸国における安全基準は、平均して委員会の基準よりも高く、食品貿易の自由化の名のもとに身体の安全や健康が脅かされる可能性がある。この整合化は、いま、各国の消費者運動団体にとって大きな問題になっており、消費者団体がガット交渉に圧力をかける原因となっている[57]。

　コーデックス・アリメンタリウス委員会に対しては、ＩＯＣＵが圧力をかけるもう1つの理由がある。それは、国内の消費者団体が委員会の政策決定過程に十分に参加していないという問題である。委員会に参加している政府代表のなかで、消費者団体の出身者は企業出身者よりもはるかに少ない。具体的に、消費者団体の過少代表を示しているのが表3である。表3のＮＧＯは、消費者の安全性と環境などに関心のある民間団体を指している。ＩＯＣＵは、国際的なオブザーバーとして委員会に参加し、各国の消費者団体が政府代表としてもっ

表3　第19会期コーデックス・アリメンタリウス委員会の構成メンバー（1989-1991）
　　　国内代表の内訳（上位10か国）

国	合計	産業界	ＮＧＯ	コンサルタント	政　府	産業界の割合
アメリカ	243	119	2	10	112	49%
フランス	99	40	0	10	49	40%
オランダ	89	19	2	4	64	21%
タイ	88	5	0	5	78	6%
ドイツ	87	30	0	7	50	34%
カナダ	83	19	4	3	57	23%
イギリス	71	22	0	2	47	31%
スイス	70	43	0	2	25	61%
イタリア	69	14	0	4	51	22%
日　本	66	29	0	5	32	44%
10か国	965	340	8	52	565	35%
全合計	2019	445	8	97	1469	22%

出所）Natalie Avery, Martine Drake & Tim Lang, *Cracking the Codex* (National Food Alliance Publication, 1993).

と参加できるよう委員会に要求してきたが、現状では、変化はみられない。

　さて、以上みてきたように、消費のあり方は、消費者自身と生産者のあり方だけでなく、国際政治のあり方によっても大きく影響を受けるようになってきた。その影響は、現在、ますます大きくなってきている。ＩＯＣＵの政治的課題が意味していることは、国際社会全体のあり方を政治要求を通じて生産者優位から消費者優位に変革していくことにほかならない。その変革の方法は、消費者保護のための国際的な枠組みやルールをつくっていくことであった。つまり、消費者は国際政治の動向によって影響を受けるが、消費者の側も国際的な消費者運動団体を通じて国際政治のあり方を変えていこうとしている。しかし、国際社会の現状は、先進国と途上国の差はあれ、消費者優位というのには程遠いといわざるをえない。

　おわりに

　本章では、国際消費者運動にみられる変革の対象と方法について検討してきた。それは、近年、消費者の権利を擁護するうえで消費者運動の役割が国連などの場で評価され、また必要とされていたからである。

　消費者が対応しなければならない国際的な課題は、消費者問題の国際化とともに増えてきた。基本的に、国際的な消費者問題は、消費者保護基準の強い国から弱い国へ、あるいは先進国から途上国に、商品や企業が移動する際に起こりやすい。しかし、消費者個人や国内の消費者団体のみでは、国際的な消費者問題に対応することはできない。当然、消費者の側も国際的な対応を取らざるをえない。この過程のなかで、国際消費者運動は発展し、消費者保護のイニシアティブをとってきたといえる。ただ、国際消費者運動にもいくつかの類型があり、本章では、その類型化を行い、さらに、運動の役割をみるために、運動の変革の対象と方法について検討してきた。

　国際協同組合同盟（ＩＣＡ）と国際消費者機構（ＩＯＣＵ）の運動は、その力点のおき方ゆえに、その特徴を変えてきた。ＩＣＡは、自分たちの生活のあり方を協同組合をつくることによって変えていこうとしているが、政治的な要

求に力点をおかないため、国際的な枠組みやルールをつくっていくうえでインパクトが弱い。逆に、ＩＯＣＵは、商品テストと政治的な要求を通じて自分たちの生活を変えていこうとしているものの、生活のための共同体や社会関係をつくっていくうえでインパクトが弱かった。

　国際消費者運動は、基本的には、この２つの国際組織によって展開してきた。国際的な消費者問題が続く限り、ＩＣＡもＩＯＣＵもそれぞれの組織的特徴を活かしながら機能し続けるであろう。しかし、国際消費者運動には、この２つの国際組織に吸収されずに小規模ながら自立的に運動を展開している市民グループもある。無農薬バナナなどの商品を取引する草の根貿易などがその新しい潮流に入る。今後、国際消費者運動は、この新しい潮流とともにさらに運動を展開していくと考えられる。

注

(1) Report of the Secretary-General of the United Nations, "Consumer Protection", *Journal of Consumer Policy*, Vol.16, No.1, 1993, pp.95-121.
(2) 「いまなぜ国際消費者問題か」(『消費者ネットワーク』No.9、1989年3月) 53-56頁。
(3) 国民生活審議会消費者政策部会報告『国際化時代の消費者政策について』、1990年10月、国民生活センター調査研究部『輸入食品の動向と食生活』、1992年3月。
(4) 米川五郎・高橋明子・小木紀之編『消費者教育のすすめ』有斐閣選書、1986年、207-230頁。
(5) ジョージ・R・メルニク著、栗本昭監訳『コミュニティーの探求 ── ユートピアから協同組合社会へ ── 』御茶の水書房、1990年。
(6) E. Hasselman, "Japan's Consumer Movement", *Review of International Co-operation*, Vol.82, No.1, 1989, pp.9-19.
(7) 梅沢昌太郎『生協の戦略 ── 日本を変える流通巨人 ── 』日本能率協会、1987年。
(8) 野村かつ『アメリカの消費者運動』新時代社、1971年。
(9) 巻正平『消費者問題読本第2版』東洋経済新報社、1987年、195-202頁。
(10) OECD, *Consumer Policy during the Past Ten Years: Main Developments and Prospects*, Report by the Committee on Consumer Policy, 1983.
(11) *Ibid.*
(12) ウィリアム・P・ワトキンズ著、二神史郎訳『国際協同組合運動史』家の光協会、1979年。
(13) Foo Gaik Sim, *IOCU ON RECORD, A Documentary History of the International Organization of Consumers Unions 1960-1990* (New York: Consumers Union, 1991).
(14) 日本消費者連盟編『ノーといわれる日本』学陽書房、1990年、134-151頁。
(15) *Report of the First International Co-operative Congress*, International Co-operative Alliance, London, 19th, 20th, 22nd, 23rd August, 1895.
(16) 中川雄一郎「国際協同組合同盟 (ICA) の形成過程と第1回大会の意義」(『国民生活研究』第27巻第3号、1987年) 56-67頁。
(17) *Report of the Twentieth Congress at Stockholm*, International Co-operative Alliance, 4th to 7th August, 1957, pp.138-146.
(18) *Report of the Twenty-second Congress at Bournemouth,* International Co-operative Alliance, 14th to 17th October, 1963, pp.36-37.
(19) *Report of the Twenty-sixth Congress*, International Co-operative Alliance, 28th September to 1st October, 1976, pp.36-37.

(20) *Report of the Twenty-fourth Congress at Hamburg*, International Co-operative Alliance, 1st to 4th September, 1969.
(21) *Ibid.*
(22) 詳細は、全国消費者団体連絡会『これからの消費者の権利』生活ジャーナル、1987年参照。
(23) *Report of the Twenty-fifth Congress at Warsaw,* International Co-operative Alliance, 2nd to 5th October, 1972.
(24) 白井厚監修・農林中金研究センター編『協同組合の基本的価値』家の光協会、1990年、141-166頁。
(25) *Twenty-seventh Congress, Moscow,* 13th October-16 October 1980, Agenda and Reports, International Co-operative Alliance.
(26) アレクサンダー・F・レイドロー著、日本協同組合学会訳編『西暦2000年における協同組合』日本経済評論社、1989年。
(27) スヴェン・A・ベーク著、日本協同組合連絡協議会訳『変化する世界 協同組合の基本的価値』日本協同組合連絡協議会、1992年。
(28) 「特集 ことしはICA大会の年」(『生協運動』No.478、1992年1月号) 10-31頁。
(29) *Report of the Twenty-fifth Congress at Warsaw*, pp.128-130.
(30) Yearbook of the United Nations 1946-47, p.554.
(31) *Report of the Twenty-fourth Congress at Hamburg*, pp.284-286.
(32) Quadrennial Reports on the Activities of Non-governmental Organizations in Consultative Status with the Economic and Social Council, Categories Ⅰ and Ⅱ, Quadrennial reports, 1986-1989, E/C.2/1991/2, 23 July 1990, pp.125-127.
(33) Sim, *op.cit.*, pp.25-39.
(34) 1994年には、ジンバブエのハラーレにアフリカ地域事務所が設立された。
(35) IOCU, *Annual Report 1992.*
(36) *Ibid.*
(37) アンワー・ファザール著、日本消費者連盟編訳『ジャンク・フード 国際消費者運動の新しい波』学陽書房、1990年。
(38) カテリーヌ・ギルマン「消費者インターポール(消費者による国際監視網)」(『消費者をめぐる国際的動向 ── 国連の消費者政策を中心として ──』東京都消費者センター、1982年) 5-29頁。
(39) ファザール、前掲書、180-191頁。
(40) 日本消費者連盟、国連関係コード集(アジア太平洋消費者会議資料 1989年8月18-21日)。
(41) 「国際消費者機構(IOCU)の組織再編成の方向について」(『消費者ネットワーク』

No.35、1993年7月）41-43頁。
（42）Sim, *op.cit.*, p.97.
（43）David Harland, "The United Nations Guidelines for Consumer Protection", *Journal of Consumer Policy*, Vol.10, No.3, September 1987.
（44）Report of the Secretary-General of the United Nations, *op.cit.*
（45）*Ibid.*
（46）The Impact of Multinational Corporations on the Development Process and on International Relations, E/5500, 14 June 1974; E/5500/Add.1 (Part Ⅰ), 24 May 1974; E/5500/Add.1 (Part Ⅱ), 12 June 1974.
（47）多国籍企業センターは、1992年2月に廃止されている。
（48）野村かつ子「国連多国籍企業行動基準案の背景とその性格 ── ピーター・ハンセン氏のスピーチより ── 」(『海外の市民活動』No.48、1987年12月) 25-30頁。
（49）Allan Asher and Elizabeth Hayes, Meeting Report 19th Session of the United Nation's Commission on Transnational Corporations, New York, 5-15 April 1993.
（50）*Ibid.*
（51）*Ibid.*
（52）「多国籍企業と消費者の利益」(『消費者ネットワーク』No.33、1993年3月) 44-47頁。
（53）*IOCU World Consumer*, No.201, May 1992.
（54）古沢広祐「転換点に立つ消費者運動」(『社会運動』No.137、1991年8月) 18-21頁。
（55）IOCU, *Proceedings of the 13th IOCU World Congress*, Hongkong, 8-12 July, 1991.;「特集 国際消費者機構（ＩＯＣＵ）第13回世界大会」(『消費者ネットワーク』No.24、1991年9月) 3-34頁。
（56）Natalie Avery, Martine Drake & Tim Lang, *Cracking the Codex* (National Food Alliance Publication, 1993).
（57）「1991年12月20日のガットウルグアイランド"最終合意案"は拒否されねばならない～アメリカの環境・消費者団体の下院議員宛の手紙～」(『消費者ネットワーク』No.28、1992年5月) 23-26頁。

第4章　ＮＧＯの消費者保護に関する考察

はじめに

　消費者保護の分野でＮＧＯ（Non-governmental Organization、非政府組織）が果たしてきた役割は、多様である。その多様性は、ＮＧＯが誕生したときの歴史的状況と地理的位置によって規定されている。消費者保護の分野でＮＧＯが多様な展開を遂げているのは、取り組むべき消費者問題の特質と消費者保護の思想が歴史的にも、地理的にも異なっているからにほかならない。ここでは、消費者保護の分野で活動しているＮＧＯを「消費者ＮＧＯ」と呼んでおこう。

　現在、消費者ＮＧＯは、自由貿易の高まりとともに急速に発展しているが、その原型は、消費者問題と消費者保護の思想に応じて、3つの組織に類別することができる。第1のタイプは、消費協同組合を母体とする生産との連携を重視する消費者ＮＧＯである。ここでは、それを「生産連携型」の消費者ＮＧＯと呼んでおく。第2のタイプは、国内の消費者運動を母体とする消費者ＮＧＯである。ここでは、それを「単独型」の消費者ＮＧＯと呼んでおく。第3のタイプは、消費者問題の争点に開発、環境、人権の問題を取り込んだ消費者ＮＧＯである。ここでは、それを「開発・環境・人権連携型」の消費者ＮＧＯと呼んでおく。

　本章では、多様な展開を遂げてきた消費者ＮＧＯの類型化を試み、あわせて各消費者ＮＧＯが国際社会の分野でどのように消費者保護に取り組んできたのかを考察したい。この課題に応えるために、まず第1に、各消費者ＮＧＯの起源に焦点を当て、当時の消費者問題の特質と消費者保護思想を取り上げたい。第2に、消費者ＮＧＯを生み出すきっかけとなった消費者の組織化と消費者運動の国際化について検討する。第3に、消費者ＮＧＯの比較を行い、消費者保

護が国際社会でどのように取り組まれてきたのかを明らかにしておきたい。

Ⅰ. 消費者問題の発生と消費者保護の思想

1. 貧困問題と協同組合思想

　「生産連携型」消費者NGOの起源は、19世紀のイギリスに求めることができる。この時代には、商品の購入や使用に関する消費者問題が存在こそすれ、大きな社会問題にはなっていなかった。産業革命の進展により工業化と都市化が進み、労働者階級の貧困・失業問題が社会問題として発生していた。「生活水準論争」にみられるように、産業革命によって労働者の生活が向上したのかそれとも悪くなったのかについては、依然として議論が分かれている。しかし、労働者の貧困問題が大きな社会問題であったことに変わりはない。低い所得、長時間労働による肉体の疲労、上・下水道の不備、チフス、コレラ、結核などの病気の流行、そして劣悪な住宅事情など貧困の実態には事欠かない。このように、当時の大きな社会問題は、労働者の貧困問題であり、いわゆる消費者問題ではなかった。労働者が社会問題や政治問題の主体であり、消費者は意識の面でも実態の面でも主体とはなりえていなかったといえよう。

　ただ、ここで言っておく必要があるのは、貧困問題は、労働者の問題であると同時に消費者の問題でもあるということである。低い所得で、いかに安価で安全な消費財を購入するのかは、当時の消費者にとって日常的な大きな課題だった。労働者であるからこそ、生活のためには市場で商品を購入し、使用する必要性があった。都市に移住し、自給の基盤をなくした労働者であれば、なおさらそうである。そういう意味で言えば、消費者はすでに存在していた。消費者問題もすでに存在し、不公正な価格の問題や不正確な重量・測量の問題、不純物の入った食料など、いくつもの事例がある。たとえば、19世紀半ばまでは、食料品に混ぜ物がよく加えられていた。リンゴ酒とワインには鉛、小麦粉には焼き石膏、牛乳にはチョーク、マスタードにはトウガラシ、という具合にそれぞれ不純物が添加されていた。このような食品添加物の問題が改善されるようになったのは、1860年に食物薬品法が議会を通過して後のことであった[1]。こ

のように、消費者問題は存在していたが、特に19世紀前半においては、それは貧困問題のなかに組み入れてみた方が適切であろう。

当時の貧困問題の解決手段を考えるうえでは、「競争」という原理と「協同」という原理を比較することが重要である。19世紀の近代社会を支配していたのは、二重の運動であった[2]。一方には、「経済的自由主義」の原理があり、それは自己調整的市場の確立をめざしていた。他方には、「社会防衛」の原理があり、それは生産組織だけでなく人間と自然の保護をめざし、市場の有害な働きを除去しようとしていた。この時代に、貧困問題の解決に適用された原理は、社会防衛の原理であった。それは、同時に消費者問題にも適用された原理だといえる。

社会防衛の原理の中核となったのが、協同組合思想であった。協同組合の思想的源流は、ロバート・オウエン（Robert Owen）にまでさかのぼる。オウエンは、「協同組合の父」と呼ばれ、当時の貧困問題を解決するために大きな役割を果たした。彼は、「協同」を営利主義社会批判に結び付け、協同組織による利潤の撤廃を目標とした。彼がいかに消費者保護思想の持ち主だったかについては、1921年の『現下窮乏原因の一解明』[3]によく記されている。そこには社会改良の目標が掲げられているが、7つあるうちの前半5つまでが直接的に、また間接的に消費者問題の改善に結び付くものである。まず第1に、労働者階級の住宅の改善、第2と第3に労働者に対するより良く、かつ安い食物と衣料の供給、第4に労働者の教育、第5に労働者の健康の確保、第6が労働の管理、第7が労働者をあらゆる点において社会のより良いメンバーにすることであった。

しかし、オウエンの試みは失敗に帰し、19世紀のイギリスでは「経済的自由主義」の原理が優位を占めていく。オウエン思想の結実は、1844年に誕生するロッチデールの消費協同組合まで待たなければならなかった。

2．消費者問題とコンシューマリズム

世界で最初に消費者問題が大きな社会問題になったのは、20世紀初頭のアメリカにおいてであった。商品の価格や安全性など消費者問題の争点のみを掲げた運動が誕生したのも、この時代であった。「単独型」消費者ＮＧＯの起源は、

この時期に求めることができる。

　消費者問題の発生は、アメリカが体験した二度の繁栄の時代と密接に結びついている。アメリカは、20世紀に入って、1920年代と1960年代に豊かな時代を迎えている。その豊かさは、他国にも波及し、「20世紀のアメリカ化」を進めてきた。その豊かさとは、大量生産と大量消費に支えられた物質的な繁栄であった。しかし、同時に、この両時代に、消費者問題が大きな社会問題となり、消費者保護の思想が生まれている。消費者保護の思想は、「協同」の原理ではなく「競争」の原理によって成り立ち、「競争」の原理に障害があるために消費者問題が発生するというのが、当時のアメリカの構図であった。ただ、1920年代と1960年代とでは、消費者問題の発生過程と消費者保護の思想には、質的な違いが存在している。それは、基本的には、1920年代のアメリカが工業化社会であったのに対し、1960年代のアメリカが脱工業化社会であったことに由来する。

　1920年代のアメリカは、「モダニティ」が確立した時期であった。多くの家庭では、電気掃除機、電気洗濯機などが使われ、伝統的家事労働を一掃してしまった。豊かさの象徴である車の保有台数は、国民5人に1台であった。当時ヨーロッパで首位に立っていたイギリスですら、国民40人に対し1台の割合であった時代においてである。デパート、チェーンストア、大衆向けレストランが個人経営の小商店を駆逐し始めたのもこの時期である。20世紀のアメリカでは、19世紀のヨーロッパで予想された資本家と労働者に両極分解した社会は到来しなかった。むしろ、消滅すると考えられていた中間層がアメリカの中核となった。その中間層は、直接的には生産に従事しない管理・事務系のホワイトカラー層であった。大量生産・大量消費のシステムは、このホワイトカラー層が台頭してくるなかで確立されていった。大量の商品やサービスは、こうした人々を中核にして、大量に供給されていたのである。

　1960年代のアメリカは、工業化社会から脱工業化社会への移行期にあった。大量生産・大量消費のシステムに基本的な変化は見られなかったものの、産業構造には変化が生じていた。最も注目すべき点は、農業に従事する人口が減少し、サービス業が増加したことである。工業部門においても、紡績のような生産性の低い産業から自動車などの生産性の高い産業への移行が進み、電気電子

部品、化学製品、工作機械を生産する産業が拡大した。このような変化は、消費構造の変化を反映していた。つまり、収入が増えても、食料費や衣料費は量的には増えず、それに対して、耐久消費財や贅沢品、レジャーに対する支出が増大したからである。自家用車の増加は、こうした現象の典型例である。

消費者問題は、通常、購買過程と使用過程において発生している。具体的に、購買過程では、価格の問題、表示の問題、契約の問題が発生し、使用過程では、品質の問題、環境の問題が発生している。こうした消費者問題は、アメリカにおいては、20世紀の初頭から取り組まれてきた。ただ、消費者の権利が確立されるまでには、1960年代のコンシューマリズムまで待たなければならなかった。コンシューマリズムは、大衆消費社会になってもなお軽視されていた消費者の権利を正当化したのである。

コンシューマリズムの起源は、20世紀初頭から続く消費者運動に求めることができるが、やはり、その支柱は、1962年にケネディ大統領が提唱した「消費者の4つの権利」である[4]。4つの権利とは、第1に安全を求める権利、第2に知らされる権利、第3に選ぶ権利、第4に意見が聞き届けられる権利である。

「安全を求める権利」は、健康や生命を脅かす商品から消費者を保護するための権利である。この権利は、そうした危険性から消費者を保護するための立法を多く作り出した。特に、消費者が製造物やサービスの欠陥によって被害を被ったときには、重要であった。「知らされる権利」は、悪徳商法や詐欺から消費者を保護するだけでなく、消費者が賢明に商品選択ができるように十分な情報が消費者に提供されるための権利である。「選ぶ権利」は、企業の独占によって発生する価格の固定化を阻止するための権利である。この権利は、市場の競争によって、消費者の選択の幅を広げることを目的としている。最後に、「意見が聞き届けられる権利」は、消費者の利益が政策決定過程に反映されることを保証するものである。

これらの権利に関しては、逆に政府の規制を強め、消費者の利益を阻害するという批判的な立場も存在している。しかし、コンシューマリズムが消費者の地位を押し上げたこと、またアメリカだけでなく世界の多くの国々に波及した点に関して言えば、大きな効果があったといえよう。

3．二重基準と途上国の消費者保護思想

「開発・環境・人権連携型」の消費者ＮＧＯは、1970年代に誕生したマレーシアの消費者運動を母体としている。このタイプの消費者ＮＧＯは、先進国のコンシューマリズムに影響されながらも、途上国独自の消費者問題を解決していくうえで、独自の消費者保護思想を確立してきた。

1970年代に入って、世界的な規模で消費者問題が発生するようになった。それが、多くの途上国で露見された二重基準問題であった。途上国のなかでも経済成長に成功している国には、西側工業国の製品がより多く輸入されるようになっていた。もちろん、すべての製品に問題があったわけではない。二重基準の基本的な問題とは、先進国で規制または禁止されている製品が途上国の消費者には販売されるという構造である[5]。この問題には、3つのタイプがある。第1のタイプは、先進国で規制や禁止によって廃棄された製品をダンピングするケース、第2のタイプは、先進国の企業が途上国を新製品の試験地として利用するケース、第3のタイプは、粉ミルク問題にみられるように、先進国では安全な製品が途上国で危険になるケースである。

さらに、途上国には、市場を介さない消費の問題が存在している。つまり、全部にしろ部分的にしろ、自給生活をしている人々の消費者問題である。これは、明らかに市場を介した消費の問題とは違っている。先進国型の消費者問題は、通常、商品の購入と使用の過程で発生する問題である。それゆえ、たとえば、自分の庭で作った農産物を本人が消費した場合に問題が発生したとしても、それは消費者問題ではない。また、第3者によって自分の土壌が汚染された場合には問題が発生するが、それもやはり消費者問題ではない。それは、公害問題や環境問題などに入るであろう。しかし、自給している人々が多い途上国では、この公害問題や環境問題によって、自給の生活物資が被害を被った場合、それはれっきとした消費者問題となる。なぜなら、市場を介した消費がすべての消費活動ではないからである。その証拠に、途上国の多くの消費者団体では、こうした消費者問題が多く取り上げられている。インドのボパールで発生した化学工場の事故やマレーシアのイポー市で起きた放射性廃棄物の問題は、その代表例であろう。

さて、こうした途上国固有の消費者問題に対する消費者保護の思想はいかなるものであろうか。マレーシアをはじめとした途上国では、先進国型のコンシューマリズムが導入されてはいるが、それは途上国では不整合を来しているといえよう。消費者保護の領域は、商品の購入者だけでなく、自給している人々の生活にまで及んでいる。開発は、一方で豊かな消費社会を作り上げているが、他方で自給の生活者を脅かしている。このような消費者問題の多様性から、消費者保護の思想は、消費だけに止まらず、開発、環境、人権などの分野にまでまたがっている。ただ、途上国における消費者保護の思想は、今ようやく先進国型のコンシューマリズムから離脱して、独自の方向性を模索している段階にあるといえよう。

Ⅱ．消費者の組織化と消費者運動の国際化

1．19世紀のイギリスとロッチデール公正先駆者組合

　協同組合の思想は、1844年にイギリス北部で誕生したロッチデール公正先駆者組合（Rochdale Society of Equitable Pioneers、以下、ロッチデール）において実を結ぶ。国際協同組合同盟（International Co-operative Alliance、ＩＣＡ）を代表とする生産連携型の消費者ＮＧＯは、このロッチデールをモデルとして発展している。バナナ取引などによくみかけるように、先進国の消費者が途上国の生産者と直接的に取引をするオルタナティブ・トレードも、そのスタイルの原形はこの協同組合の思想に基づいていると考えられる。

　ロッチデールは、オウエン主義的な協同組合協同体の建設ではなく、その準備段階にすぎなかった消費協同組合のみの店舗経営を重視していた。ロッチデールの消費協同組合は、民主的運営、自由加入制、購買高配当などを組織の原則として、急速に成長した。このような原則に基づいたロッチデールの運動は、組合員を組織するうえでも、貧者と失業者の生活を潤すことでも大きな役割を果たした。1844年から1855年の間に、組合員数は約50倍、基金総額が約400倍、事業量が約63倍、剰余が約100倍に伸びている。この数字からも、消費協同組合に専念したことが大きな成功の原因であることがうかがえる。また、1852年

には、イギリスにおいて最初の協同組合法である「産業・節約組合法」が成立し、その後、ロッチデールを模範とした消費協同組合が多数結成された。

　ただ、消費協同組合が成功していくなかでも、利益を生産者に還元すべきなのか、それとも消費者に還元すべきなのかで、議論の対立があった。オウエン主義的な立場の人々は、前者を支持し、ロッチデール的な立場の人々は、後者を支持していた。この協同体内部での対立は、イギリスだけでなく、他のヨーロッパ諸国やＩＣＡにおいてもみられた。

　19世紀後半になると、西欧の協同組合運動が相互交流を始めている。1869年には、ロンドンで第１回全英協同組合大会が開催され、フランス、ドイツ、イタリア、スイス、デンマーク、スウェーデンなどヨーロッパ諸国における協同組合の代表者が参加している。1886年の第18回大会では、協同組合の理念と方法を全世界に普及させるために、各国協同組合の情報を交換する国際機関設立の必要性が確認された。この大会を受けて、1895年にロンドンで国際協同組合同盟が設立されるに至る。

　協同組合の国際化を進めるうえで、大きな影響力をもっていたのが、ロッチデールの原則であった。ヨーロッパ諸国の協同組合主義者は、ロッチデールを模範とした消費協同組合を設立していく。その後、ロッチデールの原則を核として、西欧諸国の協同組合は国境を越えた交流を始めていく。たとえば、19世紀後半のイギリスでは、協同組合を通じて、アイルランドのバター、デンマークのベーコン、インドの茶、アメリカの小麦などを輸入している。やがて、この産直提携は、五大陸にまで及んだ。

　このように、「生産連携型」消費者ＮＧＯの歴史的な原点は、西欧における協同組合間交流に求めることができる。しかし、やがて西欧諸国で貧困問題が解消されていくなかで、協同組合による消費者保護にも揺らぎが見え始める。その証拠に、20世紀初頭に豊かさを謳歌していたアメリカでは、協同組合による消費者保護は主流とはなりえなかった。20世紀のアメリカでは、新たな消費者保護の方法と国際化が展開していくことになる。

2．20世紀のアメリカと米国消費者同盟

「単独型」消費者ＮＧＯの原型は、1936年にニューヨークで誕生した米国消費者同盟（Consumers Union of United States、ＣＵ）に求めることができる。ＣＵは、ロッチデールが協同組合運動のモデルとなったように、消費者運動のモデルになった。その影響力は、アメリカ国内だけに止まらなかった。第２次世界大戦後、西欧諸国、日本、東南アジア諸国、ラテンアメリカ諸国、アフリカ諸国、旧社会主義諸国へと、世界的な規模で波及効果があった。経済成長を遂げている国々には、頻繁に、ＣＵのような消費者運動がみられるようになった。

ＣＵの消費者保護は、もはや、協同体の建設による保護ではなかった。それは、「競争」の原理に基づいた消費者保護であった。基本的に、保護の方法は、洗濯機や自動車などの製品の品質や価格などを調査して、その結果を情報誌に載せ、消費者に情報を提供するものであった。その購読料は、組織の資金源となった。この方法は、消費者が商品やサービスを購入する際にその費用を節約させ、同時にメーカー側にも価格や安全性の点で注意を喚起させる効果があった。このように、消費者保護の土俵は、協同体にではなく、市場にあった。競争原理に基づいた市場であれば、消費者の利益は保証されるというのが、この時期の消費者保護の思想であった。

第２次世界大戦後、1950年代になって、西欧諸国にもＣＵをモデルとした消費者団体が結成される。それとほとんど同時に、アメリカと西欧諸国の消費者団体が交流を開始する。当初は、イギリス、オランダ、アメリカの消費者団体における個人的な情報交換を通じた交流であったが、それがもとになって、国際組織が結成されるに至る。1960年にオランダのハーグに国際消費者機構（International Organization of Consumers Unions、ＩＯＣＵ。現在は、名称がConsumers Internationalに変更されている）が設立されている。ＩＯＣＵの当初の目的は、商品テストの規模を拡大して、各国消費者団体の費用を少しでも減らすことにあった。

しかし、やがて、ＩＯＣＵは、商品テストの国際機関としてよりも、政治的な圧力団体としての国際機関へとその重心を移していく。その移行の背景には、1960年代にアメリカで時代の潮流となったコンシューマリズムの影響があった

からである。ケネディ大統領による「消費者の4つの権利」やラルフ・ネーダーの活躍など、1960年代のアメリカは、政治過程において消費者の権利が正当化された時代であった。ケネディ大統領の意志を引き継いで、ジョンソン大統領の時代に新設された「消費者問題特別補佐官」というポストは、それを象徴するものである。このポストに就いた初代補佐官、エスター・ピーターソン（Esther Peterson）は、後に、国連消費者保護ガイドラインの採択にも大きく貢献している[6]。

このように、1960年代のコンシューマリズムは、アメリカや他の先進国、また国際組織においても大きな反響を呼んだ。その後、経済成長を遂げている途上国にも影響を及ぼすが、途上国では先進国型の消費者運動のスタイルにはならなかった。それは、前述したように、途上国における消費者問題の性質が先進国とは違っていたからである。

3．1970年代の途上国とペナン消費者協会

途上国では、1970年代頃から消費者運動が盛り上がりを見せ始める。1970年代には、マレーシアをはじめとした東南アジア諸国で、1980年代にはラテンアメリカ諸国で、1980年代後半にはアフリカ諸国で、そして1990年代に入って、旧社会主義諸国で、消費者運動の誕生や発展がみられた[7]。途上国における消費者運動の代表的な存在は、1970年にマレーシアで設立されたペナン消費者協会（Consumer Association of Penang）である。「開発・環境・人権連携型」消費者ＮＧＯの原型は、このペナン消費者協会に求めることができる。

ペナン消費者協会による消費者保護の方法は、基本的には、ＣＵの方法と同様である。その方法は、製品に関する調査や試買テストの結果を消費者情報誌に載せ、消費者に情報を提供することである。ペナン消費者協会も、この消費者保護の方法で、発展を遂げてきた。

ただ、先進国型の消費者保護と違っているのは、消費者問題の対象が市場で購入した商品だけではないということである。工場排水タレ流しによる魚の減少、森林資源の破壊、野生動物の減少など、開発や環境などの争点が消費者問題としてとらえられている。消費者保護の方法が先進国型であっても、その保

護の対象は、商品の消費だけに限定されず、消費者の生活環境すべてに及んでいる。これは、もちろん、マレーシアだけの現象ではなく、多くの途上国でもみられることである。

　ペナン消費者協会の設立者、アンワー・ファザール（Anwar Fazal）は、消費者運動の原則を人間の運動、人権運動、変革のための運動と規定している[8]。第1の人間の運動というのは、人間はすべて消費者であり、衣食住その他諸々の生活に関する問題を改善するための運動という意味である。第2の人権運動は、消費者の権利を確立していく運動という意味である。第3の変革のための運動というのは、経済的な自由放任主義によって引き起こされる行きすぎた企業の行動を、消費者寄りに変えることを意味している。第1の人間の運動であるという規定は、先ほど述べたように、商品を購入する消費者だけを取り上げているのではなく、自給の生活者をも含んでいる。このように、先進国型の消費者運動と途上国のそれとは、明らかに異なっている。

　ペナン消費者協会が国際化していくのは、1978年にアンワー・ファザールがIOCUの会長に選ばれて以降のことである。途上国出身者が同機構の会長に選出されたのは、これが初めてであった。以後、ペナンを拠点として様々な消費者保護のネットワークが形成されてきた。たとえば、国際乳幼児食品行動ネットワーク（International Baby Food Action Network、IBFAN、1979年設立）、健康のための国際行動（Health Action International、HAI、1981年設立）、国際農薬行動ネットワーク（Pesticides Action Network、PAN、1982年設立）などのネットワークが誕生し、いくつかはペナンを本拠地として、発展している。

　しかし、これらのネットワークは、IOCUのアジア太平洋事務所（ペナン）が中心となって構築したものであり、ペナン消費者協会が独力で構築したものではない。それゆえに、それらを途上国型のネットワークと呼べるかどうかは、疑問の余地が残されている。

III．NGOの消費者保護

1．「生産連携型」消費者NGO

　「生産連携型」消費者NGOとは、消費協同組合の国際組織である。それは、国際協同組合同盟（ICA）といった巨大な協同組合組織から草の根レベルのオルタナティブ・トレード運動に至るまで多様な形態を取っている。組織の大小はあるにせよ、こうしたNGOによる消費者保護は、生産者と消費者を市場によって分断させることなく、両者の生活のためのコミュニティーを構築することで達成される。そういう意味で、オウエン主義的な協同組合思想を継承しているといえる。

　「生産連携型」消費者NGOの代表格は、ICAである。ICAは、1946年に国連において新設されたNGOの「協議的地位」をいち早く取得している。この地位は、国連がNGOにすべての会議で文書の配布やスピーチができることを保証したものである。以後、ICAは、国連と協力しながら、特に途上国の開発問題に精力的に取り組んできた。最近では、1995年7月に、国連総会の場で「国連協同組合デー」が決議されている。1995年は、ICAが設立されてちょうど100年になった年である。

　ICAの組織は、地球全土に及んでいる。加盟メンバーは、国単位では90ヶ国、国内の組織数の合計が207団体、個人レベルでみれば、約7億5千万人である（1995年現在）。アフリカが16ヶ国、27団体、約1300万人、アジア太平洋が24ヶ国、59団体、約5億人、北米と中南米が15ヶ国、30団体、約8600万人、ロシアを含めたヨーロッパが35ヶ国、91団体、約1億5千万人である。

　ただ、この数字のほとんどは、農業や漁業、信用などに関する協同組合であり、消費協同組合はICAメンバーの14％にすぎない。また、そのうちの約70％は、先進国に集中しており、ICA内部ではかたよりがある。先進国でも、いわゆる生活協同組合は、スーパーマーケットなどとの競争で危機的な状況にある。先進国のなかでも、日本の生活協同組合の発展は例外的なものであろう。

　ICAの組織に関していえば、各国協同組合の独自性が強く、自立的な組織

とは言いがたい。1970年に設立された協同組合の貿易組織、インターコープも、その力は、まだ発揮されているとは言えない。今後、この巨大な組織内部の協同組合間交流の活性化が、消費者保護を進めるうえでの、大きな課題だといえよう。

2．「単独型」消費者ＮＧＯ

　「単独型」消費者ＮＧＯは、「消費者問題」のみの解決を目指した消費者運動の国際組織である。この組織の代表格は、1960年に設立されたＩＯＣＵである。現在、ＩＯＣＵは、世界の消費者保護の分野で非常に大きな影響力を持っている。ＩＯＣＵによる消費者保護の国際協力は、欧米諸国だけでなく、アジア太平洋諸国、ラテンアメリカ諸国、アフリカ諸国、旧社会主義諸国にまで拡大している。

　ＩＯＣＵが設立された当初の目的は、商品テストの国際協力であったが、それは欧米諸国に限定されていた。情報誌も存在していたが、消費者が店頭で気軽に購入できるものではなかった。それは、今も同じである。情報誌は、ＩＯＣＵから直接取り寄せなければならない。ＩＯＣＵによる商品テストの効果も、テストのための組織発展も、大きくなかった。

　ＩＯＣＵによる消費者保護の重点が変化してきたのは、1970年代に入ってからである。その背景には、商品テストだけでは、世界的な規模で発生している消費者問題が解決されないという現状があった。自由貿易の拡大、途上国の開発などが消費者問題の国際化を推し進めた。頻繁にみられるようになったのは、先進国の消費者問題が途上国に輸出されるケースであった。ＩＯＣＵは、特に1980年代に入って、二重基準問題を解決することに力点をおくようになった。この問題は、単に商品に関する問題ではなく、先進国と途上国における法制度や消費文化の違いに根ざした構造的な問題であった。

　このときに、ＩＯＣＵが取った戦略は、2つに分類できる。1つは、先進国と途上国に共通する消費者保護のためのルールを作ること、もう1つは、途上国で消費者保護法が成立するための協力をすることであった。この段階に至ると、消費者保護の方法は、商品テストではなく、消費者の権利を確立する方向に向

かっている。
　1985年には、国連総会で「消費者保護ガイドライン」が採択され、共通のルールが完成する。これは、特に途上国における消費者保護を目的としている。IOCUは、このガイドラインのモデルを提供し、採択に大きく貢献した。ガイドラインの効果については、賛否両論あるが、1995年に出された国連事務総長のレポートでは、ガイドライン拡大の必要性が検討されている[9]。そのなかでも、IOCUの協力は欠かせないものになっている。
　IOCUの組織も拡大している。1974年にはマレーシアのペナンにアジア太平洋地域事務所、1987年にはチリのサンチアゴにラテンアメリカ・カリブ地域事務所、1994年にはジンバブエのハラレにアフリカ地域事務所が設立されている。その他にも、ロンドンの本部に、市場経済に移行している旧社会主義諸国や先進国独自の消費者保護プログラムが作られている。1995年現在で、加盟国数は90ヶ国、加盟団体は200にもおよび、いまなお拡大している。現在、IOCUは、消費者保護を進めるために、消費者法の成立だけでなく、消費者教育、消費者団体の設立などに関しても、国際協力を行っている。
　このように、IOCUが取ってきた戦略は、現在、成功しているといえよう。ただ、先進国と途上国の消費者運動には、貿易に関して温度差が生じている。欧米の消費者団体は、貿易に関しては自由主義の立場を堅持し、政府の規制に関しては緩和を要求している。それに対して、途上国の消費者団体は、貿易に関しては保護主義的な立場を取り、政府の規制に関しては強化する方向性を示している。日本の立場は、この中間にあるといえよう。つまり、貿易は自由主義だが、農産物に関しては保護主義的である。また、政府の規制についても、経済的規制に関しては緩和するが、安全性などの社会的規制に関しては強化を求めている。今後、このような対立の構図をいかに緩和するかが、IOCUの大きな課題であるといえよう。

3．「開発・環境・人権連携型」消費者NGO

　「開発・環境・人権連携型」消費者NGOは、1980年代中頃に途上国で誕生した。前述したように、途上国型の消費者問題がこうした形態を取らせること

になったからである。それは、先進国型の消費者運動をモデルとしたような「単独型」ではない。「開発・環境・人権連携型」消費者ＮＧＯの発祥の地は、マレーシアのペナンであった。ペナン消費者協会は、今や、独自の消費者保護ネットワークを確立している。

ペナン消費者協会は、1984年に「第三世界ネットワーク」を設立した。同ネットワークは、インドのデリー、ウルグアイのモンテビデオ、ジュネーブ、ロンドン、ガーナのアクラに地域事務所を設立し、ネットワークを拡大している。また、以上の地域の他に、フィリピン、タイ、ブラジル、バングラデシュ、ペルー、エチオピア、メキシコ、南アフリカ、セネガルには関連組織がある。

第三世界ネットワークは、消費者問題だけを争点とせず、途上国の開発、環境、人権などに関するすべての争点を取り上げている。同ネットワークの運動スタイルは、南北問題や途上国の経済問題、社会問題について調査や分析を行い、それを機関誌で公表し、または国連などの国際組織の場で報告することである。最近では、インターネットを通じてそれらの情報を世界に発信している。

ただし、こうしたインターネットによる情報発信は、同ネットワークだけにみられるものではない。ＩＣＡもＩＯＣＵも同様な方法を取って、消費者保護の情報を発信している。ＮＧＯと国連などの国際組織は、インターネットを通じて情報を交換する時代になっている。消費者情報に関して言えば、もはや、情報誌の時代ではなくなっているといえよう。ＩＯＣＵのホームページから世界の消費者団体、国連、ＯＥＣＤなどの国際組織のホームページに瞬時にして移動でき、最新の消費者情報が入手できる時代なのである。

いずれにせよ、第三世界ネットワークの運動スタイルは、協同組合型や商品テスト型の消費者運動を古典的なものにしている。協同体の建設や消費者の権利の確立だけでなく、インターネットによる消費者問題に関する情報の集積と分析が、新たな消費者保護の方法を構築しているといえよう。また、ペナン消費者協会は、国際開発研究センター（International Development Research Centre、本部カナダ）のアジア地域事務所が作った、パン・アジア・ネットワーキング（Pan Asia Networking）にも参加し、アジアのネットワークを拡大している。

しかし、インターネットを通じたネットワーク化が北側先進国や南側の豊か

な消費者に対する情報発信につながっているとしても、コンピューターを持たない消費者にどのようにつながっていくのか、問題は残されている。本当に多くの情報を必要としているのは、所得の低い消費者だからである。

　おわりに

　消費者NGOは、消費者問題の特質と消費者保護の思想によって規定され、発展してきたといえよう。それは、これまで論じてきたように、「生産連携型」、「単独型」、「開発・環境・人権連携型」と、大きく3つに分類できた。これらは、その歴史的な背景や地理的位置の違いによって、独自の国際的な発展を遂げてきた。

　しかし、1990年代に入り、この3つのタイプにも共通のテーマが浮上してきている。そのテーマとは、第1に前述したように、組織のネットワーク化であり、第2に「持続可能な発展」に基づいた生産と消費の再考であり、第3に自由貿易システムにおける消費者の利益と不利益の問題である。これらのテーマは、最初から国際的であり、国内の消費者団体ですら、このような国際的なテーマに取り組まなければならなくなっている。

　もちろん、こうしたテーマは、NGOや消費者団体といった組織にとってだけの問題ではない。それらは、消費者個人に大きく関わっている問題である。そういう意味で、こうしたテーマは、今後の消費者にとっての大きな課題だといえよう。

注

（1）モリー・ハリソン著、工藤政司訳『買い物の社会史』法政大学出版局、1990年、133-168頁。
（2）カール・ポランニー著、吉沢英成・野口建彦・長尾史郎・杉村芳美共訳『大転換』東洋経済新報社、1975年、178-183頁。
（3）ロバート・オウエン「現下窮乏原因の一解明」（五島茂・坂本慶一編 世界の名著『オウエン サン・シモン フーリエ』中央公論社、1980年）201-212頁。
（4）*Public Papers of the Presidents of the United States*, John F.Kennedy, Special Message to the Congress on Protecting the Consumer Interest. March 15, 1962 (United States Government Printing Office, 1963), p.235.
（5）IOCU, *Proceedings of the Tenth IOCU World Congress,* the Hague, 22-26 June, 1981.
（6）Esther Peterson, "The Case Against the UN Guidelines for Consumer Protection", *Journal of Consumer Policy*, Vol.10, December 1987, pp.433-439.
（7）*Report of the Seminar on Consumer Protection for Latin America and the Caribbean*, Montevideo, 9-11 March 1987, The Department of International Economic and Social Affairs, United Nations Secretariat; *Report of the Seminar on Consumer Protection for Asia and the Pacific*, Bangkok, 19-22 June 1990, The Department of International Economic and Social Affairs, United Nations Secretariat; IOCU, *Proceedings of IOCU Conference for Anglophone Africa*, Nairobi, Kenya, 14-18 June 1988; IOCU, *Proceedings of IOCU's first regional conference for central and eastern Europe*, Bled, Slovenia, 21-24 October 1992.
（8）アンワー・ファザール著、日本消費者連盟編訳『ジャンク・フード 国際消費者運動の新しい波』学陽書房、1982年、53-59頁。
（9）Consumer Protection, Report of the Secretary-General, E/1995/70, 24 May 1995.

第Ⅱ部
消費者問題の国際政治過程

第5章　国際消費者問題と消費者運動の資源動員
―― 国連消費者保護ガイドラインのケース ――

はじめに

　1985年に、国連総会で消費者保護ガイドラインが採択された。消費者保護ガイドラインをめぐる政治過程で、常に主導的な役割を果たしてきたのは、消費者運動であった。消費者運動は、国連内で77ヶ国グループおよび国連事務局と連合を組むことで、ガイドラインに批判的であったアメリカ政府の合意を引き出し、政治過程に影響力を及ぼしたのである。本章では、消費者運動が政治過程で影響力を行使できた要因として、運動の資源動員に焦点を当てたい。
　このような社会と国家の関係を説明するモデルとして、すでにトランスナショナル・モデル（transnational model）が存在している。1970年代に登場したモデル[1]は、国家と社会の対立関係に重点をおき、国際政治の国家中心観を確証するだけに終わった。結果的に、トランスナショナルな行為体や連合体は、国際政治の力学関係のなかでその存在価値を低くしてしまった。
　近年、70年代のトランスナショナル・モデルの批判的検討によって、新たな成果が生み出されつつある。それは、トランスナショナル・モデルの「復活」と呼べる学問的潮流を形成している[2]。その理論群は、70年代とは異なり、国家と社会の相互作用に力点をおいている。トランスナショナルな行為体や連合体の政治過程における成功要因は、「国際制度」（international institutions）の制度化の度合と「国内構造」（domestic structures）の政治的・社会的特徴に求められている。
　しかし、本章では、トランスナショナル・モデルの復活論にも限界があると考えている。なぜなら、復活論は、構造決定論に陥っているからである。構造

決定論は、構造的条件がそろえば、行為体の動機やパワーの有無にかかわらず、すべてが成就するという誤謬を生み出しやすい。国際制度と国内構造はあくまで媒介的要因にすぎない。本章のケースでは、消費者運動という行為体が、「資源動員」の成功によって、政治過程に影響を及ぼしたことを検証し、トランスナショナル・モデルの発展に寄与したい。

I. 国際消費者問題の構造

1. 消費者問題の国際化

消費者問題は、市場によって消費と生産が分離していくにしたがって発生してきた社会的な問題である[3]。消費者問題の発生過程は、商品の購買過程、使用過程、廃棄処分過程に分類できる。購買過程では、価格、表示、契約などの問題、使用過程では、健康と安全性に関わる品質問題、廃棄処分過程では、ゴミやリサイクルなどの環境問題が発生している。

消費者問題が国内的な問題だけでなく、国際的な問題にまで拡大してきた背景には、1960年代以降のアメリカの企業を中心とした多国籍企業の展開および自由貿易の飛躍的な増大があった。市場経済のグローバル化は、一国の政府だけで消費者問題に対応できない状況を生み出した。1969年には、OECD（経済協力開発機構）に消費者政策委員会が設立され、先進諸国間の消費者保護政策に関する協力が始まった[4]。国際消費者問題が表面化したのは、1970年代以降である。その顕著な事例は、乳児用粉ミルク問題と有害製品の輸出であった。

乳児用粉ミルク問題は、多国籍企業が途上国の粉ミルク需要を支える社会的基盤を軽視し、積極的な販売攻勢に出たことに端を発している[5]。不衛生な環境と金銭的に貧困な社会での人工乳は、多くの乳児たちに栄養不良や下痢などの病気、そして死をもたらした。1977年にはアメリカから粉ミルクのボイコット運動が起こり、世界に波及した。1981年5月には、「母乳代替品販売に関する国際基準」が採択され、母乳の促進、不当表示の規制、無料サンプルの禁止などが決められた。この採択に唯一反対したのが、アメリカ政府であった。アメリカ政府は、同基準がアメリカ憲法が保障している営利広告の保護を侵害する

と判断し、国連機関による情報規制に反対した[6]。こうした消費者問題は、粉ミルクに限らず、ジャンクフード（junk food）などの食品にもみられた。

　有害製品の輸出に関する問題は、粉ミルクの事例よりも構造的であり、広範囲に及んでいた。ここでいう有害製品とは、ある製品が国内使用のために規制あるいは禁止され、無規制の海外市場に輸出される製品を指している[7]。1970年代から80年代にかけて、アメリカでは、有害製品の輸出が大きな問題として取り上げられた。たとえば、難燃材を利用した寝間着に発ガン性物質が発見され、1977年にアメリカの消費者製造物安全委員会が同製品の国内販売を禁止したにもかかわらず、輸出販売は継続していた事例がある。途上国では、消費者保護政策の不備と消費者の先進国製品に対する憧れから、有害製品が流入する仕組みができあがっていた[8]。特に、薬品、殺虫剤、化学薬品の分野に有害製品が多くみられた。こうした状況を反映して、1982年には国連総会で有害製品の情報公開に関する決議が採択されている。この決議においても、アメリカ政府だけが反対の立場をとった。その理由は、第1に有害製品の定義が曖昧であるということ、第2に政府が特許製品の情報公開をしなくてもよいという規定がなかったこと、第3に情報公開のための有害製品のリスト[9]に費用がかかりすぎるということであった[10]。

2．国際政治経済と二重基準——アメリカの立場——

　国際消費者問題の主要な原因は、自国での販売が禁止または規制されている製品が輸出可能となる世界市場の二重基準（double standard）構造にある。アメリカでは、有害製品を輸出する際には、その旨を輸入国に通知することになっていたが、輸出業者は輸入国政府の事前承認なしで製品を輸出することがあり、こうした通知の条件は、有害製品の輸出規制には効果がなかった[11]。また、途上国政府には有害製品に関する情報が十分になかったため、有害製品は規制の強い国から弱い国へと流れる構造ができあがっていた。

　1980年代に、アメリカでは、二重基準をめぐって反対派、容認派、中間派の3つの立場があった[12]。第1の反対派は、自国で禁止された製品の輸出禁止を求めるグループで、消費者団体がその代表であった。その根拠は、倫理的責任

と「ブーメラン効果」であった。ブーメラン効果とは、有害製品を輸出すれば、世界市場ではアメリカの安全性基準を満たそうとするインセンティブが弱くなり、逆に諸外国から有害製品が国内に流入してくるという考え方である。第2の容認派は、輸出の無規制を主張したレーガン（Ronald Reagan）政権である。その根拠は、輸出を禁止することは輸入国に対する主権侵害に当たり、そのような「パターナリズム」(paternalism) は諸外国から反感を買うという点にあった。第3の中間派は、明確に有害製品だと判明した製品に関してのみ輸出の禁止を認め、それ以外の製品に関してはすべての国が分かる厳密な通知システムの確立を求める立場である。中間派によれば、国によって、製品の有用性は異なり、たとえば、ＤＤＴはマラリアに対処するために効果的に使用されているところでは、輸出が認められることになる。

　二重基準は、国際社会が主権国家関係と自由市場経済を前提とする以上、構造的に発生する。二重基準の一国単位の解決には、自ずと限界がある[13]。たとえば、1981年1月に、カーター（Jimmy Carter）大統領は、輸出管理に関する行政命令[14]を出し、有害製品の規制に着手したが、同年2月には、レーガン大統領によって同行政命令は破棄されている[15]。これは、政権が変われば、輸出規制の政策が一変するという事例である。また、たとえ政権が安定していたとしても、輸出禁止の一方的措置は、輸入国からの批判を強め、主権侵害に発展する可能性がある。他方、国際的な規制は、国連やＯＥＣＤなどの国際機関の協定に強い拘束力がないこと、ある程度の拘束力があったとしても、途上国は先進国ほど消費者保護行政が充実していないという問題が残っている。実際に途上国では、消費者保護行政がまったくない場合が多かった。このような国際消費者問題の構造を変えようとしたのが消費者運動であった。

Ⅱ．消費者保護へのグローバルな動員

1．コンシューマリズムの歴史

　消費者保護の原点は、アメリカに起源を持つコンシューマリズム（consumerism）である。コンシューマリズムとは、「消費者主権」を市場におい

て確立し、「消費者の権利」を法的に擁護する社会思想である[16]。その勢力には、消費者活動家だけでなく、政治家、官庁スタッフ、教育者、協同組合などが含まれる。コンシューマリズムの歴史がなければ、消費者運動はその正当性を失ってしまう。グローバルに拡大する消費者運動の原点もまた、コンシューマリズムにある。

消費者主権は、アダム・スミス（Adam Smith）以来、普遍的に受け入れられてきた経済活動の目標である。スミスは、「消費は、いっさいの生産の唯一の目標であり、目的なのであって、生産者の利益は、それが消費者の利益を促進するのに必要なかぎりにおいてのみ顧慮されるべきものである」と説明している[17]。市場が完全に機能し、消費者に十分な情報と理解力があれば、消費者主権が確立し、コンシューマリズムは不必要となる。消費者の権利は、1962年にケネディ（John F. Kennedy）大統領が消費者保護特別教書で「消費者の4つの権利」を公表したときに明確となった[18]。4つの権利は、安全を求める権利、知らされる権利、選ぶ権利、意見が聞き届けられる権利から構成されている。ケネディは、消費者の利益を政治過程に反映させるために、消費者保護の専門家から構成される消費者諮問協議会を設置した。また、ホワイトハウスに消費者問題大統領特別補佐官のポストの設置を公約していたが、不慮の死去で、ジョンソン（Lyndon B. Johnson）大統領が同ポストの実現を果たしている。

コンシューマリズムは、1960年代のアメリカにおける産物である。しかし、アメリカの消費者運動の起源は、19世紀末期にまでさかのぼる[19]。今日、世界の消費者運動のモデルとなっているのは、アメリカのコンシューマーズ・ユニオン（Consumers Union of United States、ＣＵ）である。ＣＵは、1936年にニューヨークで誕生した。消費者保護のスタイルは、自前で商品テストを実施し、テスト結果を消費者情報誌で消費者に知らせる情報提供型を特徴としている[20]。消費者運動が自前で商品テストを実施できない国では、政府が代替的な役割を果たしている。1970年代の先進国では、ＣＵの情報提供型だけでなく、1960年代のアメリカで新たに登場したラルフ・ネーダー（Ralph Nader）の告発型消費者運動や、伝統的な生協運動が主力となって、消費者保護法の成立や消費者保護の官庁設置に大きく貢献した[21]。

2．消費者運動のグローバル化

　消費者運動のグローバル化は、先進国の間ではなく、先進国と途上国の間で発展してきた。それは、国際消費者問題の構造化と深く結びついていたからである。

　消費者運動の国際組織は、1960年にオランダのハーグで誕生した。その組織は、情報提供型消費者運動の連携であったために、名称は国際コンシューマーズ・ユニオンズ（International Organization of Consumers Unions、ＩＯＣＵ）となった[22]。設立当初の加盟団体の出身国は、アメリカ、イギリス、ベルギー、オランダ、オーストラリアの5ヶ国であった。ＩＯＣＵは、アメリカのＣＵの援助があって設立可能となった。初代会長には、ＣＵの創設者であり、経済学者のコルストン・Ｅ・ウォーン（Colston E. Warne）が選ばれている。設立当初の力点は、各団体の経費節約のために商品テストを共同で実施していくことにおかれていた。

　組織の変化は、早くも1964年のＩＯＣＵ第3回大会に訪れている[23]。同大会で、途上国の消費者問題が大きく取り上げられたからである。すでにこの大会で、途上国の消費者保護のために、ＩＯＣＵが国連との連携を強化する方向性が打ち出されている。この大会を境にして、ＩＯＣＵの組織戦略は、商品テストの実施にではなく、途上国における消費者保護の橋頭堡づくりに力点が移行した。1975年には、マレーシアのペナンにアジア太平洋事務所が設立され、1978年にはマレーシアから途上国初のＩＯＣＵ会長が選出されている。その後、ＩＯＣＵの拠点は、ラテンアメリカやアフリカにまで拡大していく。

　1970年代後半には、マレーシアのペナンを中心としたネットワーク型の消費者運動が発展する。粉ミルクのボイコット運動では、1979年に国際乳幼児食品行動ネットワーク（International Baby Food Action Network、ＩＢＦＡＮ）が設立され、同団体は世界的なボイコットで成果を上げた。ＩＯＣＵのマレーシア事務所にもＩＢＦＡＮの拠点がおかれている。1981年に、ＩＯＣＵは、有害製品の情報を途上国政府や各国の消費者団体に流すために、同事務所にコンシューマー・インターポール（The Consumer Interpol）を設置した[24]。コンシューマー・インターポールは、国連の有害製品に関する情報を提供することで途上国

政府の規制政策に貢献した[25]。ネットワーク型の運動は、官僚的な組織構造を持たず、既存の消費者団体を情報で結びつける組織構造となっている。こうしたネットワークは、薬品、殺虫剤、たばこなどの分野にまで及んでいる。

しかし、こうした消費者運動の発展だけでは、国際消費者問題の構造的な解決には不十分であった。運動に強制力や財力がないため、絶えず「フリーライダー（ただ乗り）」(free rider)が発生した。たとえ運動の効果があったとしても、それは一時的で限定的なものであった。IOCUは、国際消費者問題を解決するために、強制力と財力の調達を必要としていた。IOCUの戦略は、消費者保護の国際ルール作成へと向かっていった。

Ⅲ. 国連消費者保護ガイドラインとコンシューマリズム勢力

1. 国連へのアクセスとロビイストの採用

1985年に国連消費者保護ガイドライン（以下、ガイドライン）がIOCUの要求により採択された。その目的は、各国政府の、特に途上国政府の消費者保護政策を推進することにあった。IOCUは、消費者保護の強力なロビイストや専門家を運動内に採用することによって、国連事務局と途上国政府との連合体を形成した。それは、国連内の「コンシューマリズム勢力」と呼べる。その運動は、ボイコットやデモ行進などの抗議活動にみられる大衆運動ではなく、少数精鋭の消費者保護の専門家集団が政策決定に影響を及ぼした運動であった。

IOCUは、1963年に国連の経済社会理事会で国連NGOの協議的地位を取得した。このときに、国連への利益要求の道が開かれた。IOCUのウォーン会長は、国連でコンシューマリズムの正当性を確立するために、IOCUの国連代表として経済学者のパーシャ・キャンベル（Persia Campbell）を採用した。キャンベルは、1950年代にアメリカ州政府の消費者保護政策を刷新した最大の功績者である[26]。彼女は、ウォーン会長と同様に、ケネディ政権下の消費者諮問協議会のメンバーでもあった。国連代表として、キャンベルは大きな成果を上げ、国連内におけるIOCUの評価を確実に高めた[27]。1969年に国連総会は、「社会的進歩と発展に関する宣言」を採択した。国連では同宣言で初めて、

社会進歩と開発の主たる目標として「消費者保護」が、またこの目標達成の手段として「消費者教育」が盛り込まれている。

IOCUは、1974年にキャンベルの死去により、新たな国連代表として国際女性協議会（International Council of Women）でユニセフ代表を務めていた社会学者のドロシー・ウイルナー（Dorothy Willner）を採用している。この段階で、ウイルナーはキャンベルに代わり、国連との交渉で能力を発揮できる経歴の持ち主であった。

IOCUは、1975年の第8回大会で、ウイルナーの提言により、国際消費者問題の解決のために以下の3つの決議を採択した。その決議は、国連経済社会理事会に対する要求であった。第1に、国連加盟国の消費者保護に関する報告集を準備し、発行すること、第2に同報告書に基づいた消費者保護のモデルコードを国連総会に勧告するために専門家グループを任命すること、第3に国連総会が国連加盟国に同モデルコードの採択を勧告すること、コードの実施を監督するために消費者保護庁を設置すること、定期的に見直しを行い、実施にあたり援助することが、主要な内容であった[28]。この決議は、消費者保護庁の設置を除いてほぼ国連で達成されていく。翌1976年に、IOCUは、第8回大会の決議内容を国連経済社会理事会に提出し、新たな段階を迎える[29]。

2．コンシューマリズム勢力によるガイドライン案の作成

1977年に、国連経済社会理事会は、IOCUのイニシアティブに基づき、行政調整委員会（Administrative Committee on Coordination）に対し、消費者保護に関する国連システムの諸活動の調査を要請している。同年春に、IOCUは、国連NGOのカテゴリーIに昇格し、改めて国連における消費者保護の包括的政策を要求した[30]。1978年には、国連事務総長が加盟国の消費者保護政策に関する報告書を提出している[31]。同報告書によって、国連では途上国政府における消費者保護政策の不備が明らかとなった。この段階で、IOCUの第1の要求は達成されたことになる。国連の消費者保護に対する取り組みに対して、当初、先進国は消極的であり、新興の輸出国を除いた途上国は積極的であった。国連事務局は、IOCUを強く支持していた[32]。IOCUのイニシアティブの

もとで国連内では、IOCU、国連事務局、77ヶ国グループの三者間にコンシューマリズムの連合体が形成されていた。

1981年に、事務総長は途上国に焦点を当てた消費者保護の報告書を提出している[33]。同報告書では、政府の役割が重視され、特に途上国において消費者保護の力点が食料、薬品、水の特定の製品におかれていた。それを受けて、同年、経済社会理事会は、事務総長に対して、1983年の会期に総合的な消費者保護ガイドラインの報告書を提出することを求めた。

国連は、ガイドラインの原案をコンシューマリズム勢力に要請した。ガイドラインの原案は、OECDの消費者政策委員会で議長経験があるノルウェー政府の官僚、ラース・ブロッホ（Lars Broch）が作成することとなった。彼の原案は、それまでの決議を反映したもので、コンシューマリズムの影響を強く受けたものであった。ブロッホとIOCUとの関係は強く、IOCUは1983年から彼を本部の所長として迎え入れている。

1982年9月にはブロッホのガイドライン案が各国政府に配布され、翌83年4月にはすべての大陸を代表する国から返答があった[34]。その大多数は、コメントなしで原案を支持していた。同年5月に、事務総長は経済社会理事会にガイドライン案を提出している[35]。ガイドライン案は、消費者の安全性、経済的利益の保護、品質基準、流通機構、消費者救済、消費者情報から構成されていた。特に、途上国の消費者問題を配慮して、食品、水、薬品といった特定分野の施策が盛り込まれた。この段階で、IOCUの第2の要求は達成されたことになる。

3．アメリカ政府の反対

ガイドライン案に強く反対したのは、アメリカ政府であった。アメリカ政府は、レーガン政権以降、同案が政府の市場介入を強め、市場メカニズムの効果を損なうものと判断して、批判的な立場をとってきた。アメリカ政府の国連代表ジーン・J・カークパトリック（Jeane J. Kirkpatrick）は、ガイドライン支持勢力の動向が「グローバル・パターナリズム」（global paternalism）であると批判した。アメリカ政府にとって、国連におけるNGO、途上国の代表、そして

健康と安全の規制に同調的な国際官僚の「鉄の三角関係」は、脅威的存在であった[36]。国連NGOの国際商工会議所（International Chamber of Commerce）もアメリカ政府と同様な趣旨から反対の立場を明らかにしていた[37]。

IOCUは、アメリカ政府の強硬な反対にあい、新しい国連代表を必要としていた。しかも、その人物はアメリカ政府の主張に対抗できる人物でなければならなかった。IOCUが抜擢したのは、消費者活動家のエスター・ピーターソン（Esther Peterson）であった。ピーターソンは、ケネディ政権下で労働省の婦人局長および副長官の要職を務め、ジョンソンとカーターの両政権では、消費者問題大統領特別補佐官として消費者保護政策の指揮をとった経歴の持ち主である。ピーターソンとレーガン政権は因縁の関係にあった。前述したように、カーター大統領は、1981年の任期終了直前に有害製品の規制に関する行政命令を出したが、34日後、レーガン大統領によって同行政命令は廃棄されている。この行政命令をカーターに強く進言したのが、ピーターソンであった。1982年の国連総会で採択された有害製品のリスト作成に唯一反対したのも、アメリカ政府であったが、その作成の中心人物は、ピーターソンであった。途上国政府もまた、ピーターソンを必要としていた。ベネズエラ政府の国連代表は、有害製品リストの実現のために国連内で主導的役割を果たしていたが、同代表はIOCUにピーターソンをロビイストとして採用することを求めていた[38]。

1984年の6月と8月にアメリカ連邦議会下院で、ガイドラインに関する公聴会が開かれている[39]。公聴会は、ガイドラインがアメリカの政策にどのような影響をもたらすのかという観点から、ガイドラインの推進派、反対派、そしてアメリカ政府から詳細に意見を聴取している。推進派からは、ピーターソンとIOCUの副会長兼CUの専務理事、反対派からは全米国際企業協議会（The U.S. Council for International Business）と全米食品製造業会（The Grocery Manufactures of America）の両代表者、アメリカ政府からは国連経済社会理事会の政府代表と連邦政府消費者問題局の局長代理がそれぞれ出席した。推進派は、ガイドラインとアメリカ消費者保護法の同一性を主張し、ガイドラインがアメリカ企業の競争力に影響を与えないことを明らかにした。それに対して、反対派は、ガイドラインが食品、薬品などの特定の製品を規制対象にしていると批

判し、ガイドラインは規制製品の特定をせず、製品一般の内容にするべきだと反論した。アメリカ政府は、国連の消費者保護関与への疑問、非同盟諸国運動や77ヶ国グループの国連内における無責任な決定参加の問題、アメリカ政府の修正案が無視されてきたことへの不満をあげ、現実主義的なガイドラインの必要性を主張した。公聴会は、ガイドラインの問題を哲学の問題、また「コンシューマリズム」対「企業」の問題として把握していた。公聴会に出席した民主党議員は、ピーターソンの行動を高く評価し、ガイドラインの必要性を強く支持した。

　このように、公聴会がピーターソンに好意的であった背景には、ピーターソンとジョージタウン大学の法律作業グループによる法律調査があった。その調査は、アメリカにはすでにガイドラインのすべての項目を包含する法律があり、決してアメリカの国益に障害を与えるものではないということを証明したものであった[40]。

4．コンシューマリズム勢力の影響力

　ガイドライン案の提示後、同案をめぐる攻防はレーガン政権対ピーターソンの対立図式をとった[41]。それは、「国益」と「消費者の利益」の衝突を意味していた。アメリカ政府は、健康や安全性を理由とした消費者保護のための規制が、輸出競争力を弱め、結果的に国力が衰退することを熟知していた。たとえ、アメリカが健康、安全性、人権などの観点から輸出規制をしたとしても、ヨーロッパ諸国や日本などがかつてのアメリカの海外市場に参入するだけであった。戦後、アメリカの相対的な国力の低下は、輸出競争力の相対的な低下が原因であり、様々な輸出規制が競争力低下の引き金となっていたと考えられていた[42]。ピーターソンにとっても、コンシューマリズムの観点から自由競争、自由貿易は当然是認されるものであった。コンシューマリズム勢力にとっての大きな問題は、世界市場のなかで先進国と途上国とでは、消費者情報に格差があるということだった。コンシューマリズムの勢力からみれば、消費者の利益は、普遍的でなければならなかったのである。

　他方、1984年秋の段階で、ヨーロッパの政府とＩＯＣＵが支持している77ヶ

国グループとの間には、見解の相違がほとんどなくなっていた⁽⁴³⁾。パキスタンおよびスウェーデンの国連代表は、アメリカの合意を取り付けるために、新たなガイドラインの妥協案を作成した。ＩＯＣＵ側は、1985年春の国連総会で同妥協案を受け入れるべきだという立場を固めていた⁽⁴⁴⁾。

　転機は、1984年12月に訪れた。アメリカ政府は新たな妥協案に合意することを示した⁽⁴⁵⁾。アメリカ政府は主として2つの理由から妥協した⁽⁴⁶⁾。第1の理由は、84年12月3日に発生したインドのアメリカ系化学薬品工場のガス漏れ事故によって、途上国の結束が強まり、態度が硬化することを、アメリカ政府が恐れたことである。第2の理由は、妥協案がアメリカの修正案をある程度考慮していた点である。アメリカ政府が特に妥協案に理解を示したのは、殺虫剤と化学薬品の項目が縮小されたからである。しかし、第1の要因がからみ、両項目を完全に削除することはできなかった。アメリカ政府は、途上国政府と国際消費者運動の連携の反撃にあうことを懸念し、強硬な姿勢をとり続けることが最終的には途上国市場での顧客喪失につながると判断したからであろう。

　1985年4月に国連総会でガイドラインが採択された。ガイドラインは、推進勢力にとっても、反対勢力にとっても満足できない妥協の産物であった。アメリカ政府は、ガイドラインに留保付きで合意した⁽⁴⁷⁾。ガイドライン推進派の代表国として、パキスタン国連代表は、ガイドラインの目的は途上国に先進国の消費者保護情報を与えることであり、国連の官僚システムを強化したり、規制を強めたりするものではないと反論している⁽⁴⁸⁾。この段階で、1975年にＩＯＣＵが採択した第3の決議が部分的に実現したことになる。

　10年に及ぶ過程で、ＩＯＣＵは国連事務局および77ヶ国グループの政府代表とともにコンシューマリズムの連合体を形成してきた。連合体は、アメリカ政府を合意のテーブルに着かせることに成功した。ＩＯＣＵが常に主導権を握ってきた要因は、消費者保護の専門家やロビイストを決定過程の状況に応じて機敏に採用してきたところにある。その背後には、国連ＮＧＯの協議的地位と途上国政府の協力があったが、ＩＯＣＵのこうした資源動員の成功がなければ、国連消費者保護ガイドラインは実現しなかったと考えられる。

5．ガイドラインの波及効果

　ガイドラインの採択は、消費者保護がもはや国内の視点から把握できないことを明らかにした。その効力は、強制的なものではなく、規範的なものであるが、ガイドラインに基づいた消費者保護政策が途上国はもとより、先進国でも実施されている[49]。

　ガイドラインの推進体制は、国連、政府、消費者団体、ＩＯＣＵから構成されている。これまで国連が主催してきた消費者保護のセミナーは、途上国政府の消費者保護政策立案に効果を上げてきた。同セミナーは、1987年にラテンアメリカ・カリブ海諸国を、1990年にアジア太平洋諸国を、そして1996年にアフリカ諸国をそれぞれ対象に開催されてきた。近年では、東欧の民主化が同地域における消費者運動の誕生と政府の消費者保護政策の制度化を促進している[50]。アフリカ諸国の民主化も同様な傾向を促している[51]。

　こうしたグローバルな消費者保護の推進を専門的知識と方法の面で支えているのは、ＩＯＣＵである。国連、政府、各国の消費者団体は、消費者保護の方法に関してはＩＯＣＵに依存している。かつて、1960年代から70年代にかけて、コンシューマリズムが先進国に波及したとき、先進国の政府も消費者団体もアメリカのコンシューマリズムに強い影響を受けた。ＩＯＣＵですら、その出自はアメリカのコンシューマリズムであった。特に、情報提供型消費者運動の波及効果は大きいといえよう。アメリカと他国の違いは、アメリカの運動が自前であるのに対し、影響を受けた多くの国では、政府依存型か政府が運動の代役をしている点にある。

　1990年代に入り、コンシューマリズムは歴史的局面を迎えている。1992年の地球サミットは、コンシューマリズムに新たな概念「持続的消費」（sustainable consumption）を導入した。それは、消費者の「利益」と「権利」に終始していたコンシューマリズムに、新たに消費者の「責任」が加わったことを示唆している。コンシューマリズムは、環境保護の責任を背負い込むこととなった。現在、ＩＯＣＵ[52]は、国連から「持続的消費」を前提にした新たなガイドラインづくりを要請されている。

結論 ── トランスナショナル・モデルの「復活」と資源動員 ──

　国連消費者保護ガイドラインの採択は、ＩＯＣＵが資源動員に成功したことによって可能となった。その成功によって、ＩＯＣＵ、77ヶ国グループ、国連事務局の三者からなるコンシューマリズムの連合体が国連内で誕生した。連合体の能力は、ＩＯＣＵがコンシューマリズム勢力から採用する消費者保護の専門家や強力なロビイストに依存していた。つまり、本事例では、消費者運動の資源動員の可否が政策決定に及ぼすトランスナショナルな行為体の影響力を最終的に左右したといえる。なぜなら、途上国政府も国連事務局も、消費者保護の専門的知識や方法を必要としていたが、それらは消費者運動に依拠せざるをえなかったからである。

　トランスナショナル・モデルの「復活」論[53]が主張するように、「国際制度」の制度化の度合と「国内構造」の政治的・社会的特徴が、トランスナショナルな行為体の影響力の媒介項として働いていることも確かである。ＩＯＣＵが国連経済社会理事会で国連ＮＧＯの協議の地位を取得できなければ、国連の政策決定過程に影響力を及ぼす公式ルートは存在しなかった。政策決定過程の外でボイコット運動やデモ抗議をしていたのでは、ＩＯＣＵの影響力は弱かったであろう。国連消費者保護ガイドラインの実施過程は、国際制度の効果をよく示している。ガイドラインの規範的効果は、特に途上国において示されている。ガイドラインの採択後は、国連、政府、各国の消費者団体、ＩＯＣＵから構成されるトランスナショナルな関係が発展している。しかも、ガイドラインの実施過程は、国内構造の多様性に応じて、その進捗状況が異なっている。アフリカ諸国や東欧諸国の民主化は、ＩＯＣＵが国内政治過程に介入することを容易にした。

　しかし、政治過程におけるトランスナショナルな行為体の影響力は、国際制度と国内構造の変数だけでは、十分に説明することができない。その限界は、すでに1970年代に、構造論の欠陥として指摘されていた[54]。構造論の問題は、構造的条件がそろえば、主体のパワーや動機に関係なく、すべてが成就すると

いう誤謬を生み出しやすい点にある。

　本章では、影響力行使の要因として、トランスナショナルな行為体の「資源動員」を取り上げた[55]。トランスナショナルな諸行為体のなかで、国際ＮＧＯの多くは、国内の社会運動が国際化した組織である。その組織形態は、多国籍企業、国家官僚のトランス・ガバメンタル（transgovernmental）な連合体とは自ずと異なっている。社会運動は、強制力と財力がないために、組織上の問題を常に抱えている。フリーライダーの問題は、その顕著な例であろう。したがって、社会運動が政治過程で強い影響力を行使できるのは、まれである。影響力の行使が可能な条件は、第１に本章で取り上げた資源動員の主体的な要因と、第２にすでに復活論が指摘しているように、政治過程の構造的な要因である。本章の事例では、前者は決定的な条件であったが、後者は媒介的な条件であった。ＩＯＣＵがガイドラインの採択で影響力を行使できたのは、コンシューマリズム勢力から消費者保護の専門家や強力なロビイストを運動組織内に採用できたからである。その結果、国連内で主導権を握り、77ヶ国グループや国連事務局と連合体を組むことが可能となった。国連におけるＮＧＯの協議的地位や77ヶ国グループの協力は、重要な要因であるが、本事例では、消費者運動の資源動員の過程を考慮しなければ、ＩＯＣＵの影響力は実証されないと考える。

　トランスナショナル・モデルだけに限らず、国際関係の理論の場合、行為主体論と構造論のどちらの方法論が優位を占めるのかという議論は、不毛に終わるだけであろう。また、両者を統合することも、結果的に身動きのとれない巨大な理論を作り出すだけである。両者は、絶えず拮抗する関係にあり、政治過程では歴史的な状況に応じて、両者を使い分けることの方が合理的である。消費者保護の国際的な枠組み作りに焦点を当てた本章では、行為主体論が適切であると考える。

注

(1) Robert O. Keohane and Joseph S. Nye Jr. (eds.), *Transnational Relations and World Politics* (Cambridge, MA: Harvard University Press, 1972); Richard W. Mansbach, Yale H. Ferguson and Donald E. Lampert. *The Web of World Politics: Non-State Actors in the Global System* (Englewood Cliffs, NJ: Prentice Hall, 1976).

(2) Thomas Risse-Kappen (ed.), *Bringing Transnational Relations Back In: Non-State Actors, Domestic Structures and International Institutions* (Cambridge: Cambridge University Press, 1995).

(3) モリー・ハリソン著、工藤政司訳『買い物の社会史』法政大学出版局、1990年。

(4) OECD, *Consumer Policy in OECD Countries 1993-1994*, 1995.

(5) Naomi Baumslag and Dia L. Michels, *Milk, Money, and Madness: The Culture and Politics of Breastfeeding* (Westport. Connecticut: Bergin & Garvey, 1995).

(6) Elliott Abrams, "Infant Formula Code: Why the US May Stand Alone", *The Washington Post*, May 21, 1981, A-27.

(7) Craig D. Galli, "Hazardous Exports To the Third World: The Need to Abolish the Double Standard", *Columbia Journal of Environmental Law,* 12-1 (1987), pp.71-90.

(8) International Organization of Consumers Unions, "Dumping of Hazardous Products, Technologies and Waste into Third World Countries", *Proceedings of the Tenth IOCU World Congress*, The Hague, June 23, 1981, pp.52-67. [以下 IOCU と略記]

(9) United Nations, *Consolidated List of Products Whose Consumption and/or Sale Have Been Banned. Withdrawn, Severely Restricted or not Approved by Governments*, Fourth Edition, 1991.

(10) United Nations, *Yearbook of the United Nations*, 36 (1982), pp.1009-1012.

(11) Galli, *op. cit.*, p.73

(12) "Exporting Hazardous Products", *Consumer Reports*, 49 (Feb. 1984), pp.104-105.

(13) Galli, *op. cit.,* pp.71-90.

(14) United States Code, Executive Order 12264 of January 15, 1981.

(15) United States Code, Executive Order 12290 of February 17, 1981.

(16) David A. Aaker and George S. Day (eds.), *Consumerism*, 3rd ed. (New York: Free Press, 1978).

(17) アダム・スミス著、大内兵衛・松川七郎訳『諸国民の富（三）』岩波文庫、1965年、455-456頁。

(18) Public Papers of the Presidents of the United States, John F. Kennedy, Special Message to the

Congress on Protecting the Consumer Interest. March 15, 1962 (United States Government Printing Office, 1963), p.235.
(19) Colston E. Warne and Richard L. D. Morse, *The Consumer Movement* (Manhattan, Kansas: Family Economics Trust, 1993), pp. xi-xix.
(20) Norman I. Silber, *Test and Protest: The Influence of Consumers Union* (New York: Holmes and Meier, 1983).
(21) OECD, *Consumer Policy During the Past Ten Years: Main Developments and Prospects*, Report by the Committee on Consumer Policy, 1983.
(22) Foo G. Sim, *IOCU on Record* (New York: Consumers Union, 1991).
(23) IOCU, *Proceedings of the 3rd Biennial Conference*, Oslo, June 22-24, 1964.
(24) Katherine Gillman, "The Consumer Interpol: A Report to the IOCU" (December 1, 1981), Dorothy K. Willner Papers, Consumer Movement Archives, Richard L. D. and Marjorie J. Morse Department of Special Collections, Kansas State University [以下CMAと略記]
(25) "Asian Form Group on Hazardous Products", *The New York Times*, October 5, 1982, A-11.
(26) Allis R. Wolfe, *Persia Campbell: Portrait of a Consumer Activist* (New York: Consumers Union Foundation, 1981).
(27) Persia Campbell, "The Consumer Role in the Second UN Development Decade — based on a series of statements presented by IOCU to the UN ECOSOC and its Commissions, 1970-71" (September, 1971), Dorothy K. Willner Papers, CMA.
(28) IOCU, *Proceedings of the 8th Congress*, Sydney. March 24-27, 1975, p.7.
(29) Statement submitted by Dorothy Willner, Representative of the IOCU to the UN, E/C. 10/NGO/1, February 23, 1976.
(30) Statement submitted by the IOCU, Towards a United Nations Comprehensive Policy and an Integrated Approach to Consumer Protection, E/NGO/68, July 8, 1977.
(31) Consumer Protection: A Survey of Institutional Arrangements and Legal Measures, Report of the Secretary-General, E/1978/81, June 8, 1978.
(32) Dorothy Willner, Memo to the Executive Committee (January 2-4, 1981), Dorothy K. Willner Papers, CMA.
(33) Consumer Protection, Report of the Secretary-General, E/1981/75, June 4, 1981.
(34) Consumer Protection, Report of the Secretary-General, E/1983/71, May 27, 1983.
(35) *Ibid*.
(36) Jeane J. Kirkpatrick, "Global Paternalism: The UN and the New International Regulatory Order", *Regulation* (January/ February 1983), pp.17-22.
(37) "Statement by the International Chamber of Commerce on Consumer Protection in the Third Committee (Programme and Coordination) of ECOSOC" (July 18, 1984) Esther Peterson Papers,

Consumers Union Archives, New York. [以下 CUA と略記]
(38) Esther Peterson, *Restless: The Memoirs of Labor and Consumer Activist Esther Peterson* (Washington. D. C.: Caring Publishing, 1995), p.172.
(39) United States Congress, *U.S. Policy on U.N. Consumer Guidelines: Hearings before the Subcommittees on Human Rights and International Organizations and on International Economic Policy and Trade of the Committee on Foreign Affairs, House of Representatives, Ninety-Eighth Congress, Second Session, June 28 and August 1, 1984* (Washington. D.C.: U.S. Government Printing Office, 1985).
(40) リチャード・L・D・モースは、この調査がガイドラインの採択を可能にしたと論じている。Warne and Morse, *op. cit.*, pp.220-221.
(41) Esther Peterson, "U.S. vs Third-World Consumer Protection", The New York Times, October 12, 1984, A-34; Alan L. Keyes, "The Administration's Consumer-Guideline Efforts at the U.N.", *The New York Times*, October 30, 1984, A-24.
(42) Robert A. Flammang, *U.S. Programs That Impede U.S. Export Competitiveness: The Regulatory Environment* (The Center for Strategic and International Studies, Georgetown University, 1980).
(43) Letter, Lars Broch to D.H. Grose (September 11, 1984), Esther Peterson Papers, CUA.
(44) Letter. Lars Broch to Esther Peterson (November 1, 1984), Esther Peterson Papers, CUA.
(45) United Nations, *Official Records of the General Assembly, Thirty-ninth Session, Plenary Meetings*. Vol.3, December 18, 1984, p.1934.
(46) The Bureau of National Affairs, "United Nations: Panel Resolves Most Problems with Draft Consumer Guidelines", *Product Safety & Liability Reporter: Current Report* (December 21, 1984), p.963.
(47) United Nations, *Official Records of the General Assembly, Thirty-ninth Session, Plenary Meetings*, Vol.3, April 9, 1985, pp.1955-1957.
(48) The Bureau of National Affairs, "United Nations: General Assembly Passes Guidelines for Consumer Protection; U.S. Comments", *Product Safety & Liability Reporter: Current Report* (April 12, 1985), pp.242-243.
(49) Consumer Protection, Report of the Secretary-General, E/1995/70, May 24, 1995.
(50) Breda Kutin, "Consumerism in Eastern Europe as Countries Shift from Centralized to Free Markets and Democratized Governments", American Council on Consumer Interests, Georgetown University, March 25-28, 1998.
(51) United Nations, *Consumer Protection for Africa: Report of the Africa Conference on Consumer Protection*, Harare, Zimbabwe, April 28-May 2, 1996 (1997).
(52) 現在、IOCUは名称をConsumers International (CI)に変更している。

(53) Risse-Kappen, *op.cit.*
(54) 馬場伸也「非国家的行為体と国際関係」(『国際政治』第59号、1978年) i-x頁。
(55) Thomas R. Rochon, *Mobilizing for Peace: The Antinuclear Movements in Western Europe* (Princeton, NJ: Princeton University Press, 1988); Doug McAdam, John D. McCarthy and Mayer N. Zald (eds.), *Comparative Perspectives on Social Movements: Political Opportunities, Mobilizing Structures, and Cultural Framings* (Cambridge: Cambridge University Press, 1996).

第6章　食の国際化と消費者問題

はじめに

　現在の日本の食生活は、他の先進国と比較して海外への依存度が非常に大きい。それは、「食の国際化」とも呼べ、日本の食生活が国際的な影響を強く受けていることを示している。日本の経済力は、世界に強い影響を及ぼしているが、逆に日本の食生活は世界から強い影響を受けるようになった。ガット・ウルグアイラウンドの成功は、日本の工業製品輸出にとって効果があるとしても、農産物輸入に対してはいくつもの問題点を残している。たとえば、輸入食料に対する安全性の問題や健康上の問題は、すでに消費者問題の争点として浮上している。
　このような食の国際化は、エスニック・ブームや単なる外国料理に対するあこがれから発生しているものではなく、日本が自由貿易の恩恵を受けるなかで進展してきたことと考えられる。国際社会のなかで、日本の貿易黒字の増加は農産物輸入の急増を引き起こしたといえる。農産物を品目別にみても、畜産品、水産品、野菜類ともに、近年輸入が激増している。
　食の国際化に大きく関わっているのは、世界貿易機関（WTO）の要請を受けて国際基準の作成に携わっているコーデックス・アリメンタリウス委員会（Codex Alimentarius Commission）である。国内では、規制緩和の動きと連携して、食に関する国内基準が国際基準に変わりつつある。食に関する規制緩和は、国内基準を国際基準に整合化（ハーモナイゼーション）させることを意味している。日本の食生活が輸入依存体質であることを考えれば、この国際基準への整合化は日本の消費者に大きな影響を及ぼすことであろう。そこで、本章では食の国際化を引き起こしている国際的な要因と、食の国際化によって生じてい

る消費者問題について検討しておきたい。

I．食の国際化

　食料供給源である農林水産物の輸入は、1985年以降の円高により急速に伸びてきた。1985年における農林水産物の輸入金額は約262億ドルであったが、1994年には約694億ドルになり、この10年間で2.6倍も増加している[1]。この背景には円高のみならず牛肉などの輸入自由化や関税率の引き下げもあり、着実に輸入量が増加した。輸入先では、アメリカが全体の約4割を占めているが、近年では第2位の輸入先国である中国も約1割を占めるようになっている。

　食料の自給率に関しては、1965年度に73％あった供給熱量自給率が1993年には37％まで落ち込んでいる。さらに、この自給率を主要先進国と比較した場合、日本の海外依存度が歴然としてくる。表1の食料自給率は、品目別自給率をウエート付けして合計したものである。また、掲載国は、1992年における輸入又は輸出額が100億ドルを超える国である。サミット構成メンバーの7ヶ国のなかでも、日本の自給率の低さは明らかである。

表1　主要先進国の食料関係の貿易額と自給率（単位：億ドル）

国　名	輸　入　額	輸　出　額	食料自給率（％）
カナダ	101	299	142
アメリカ	486	645	113
日　本	567	44	46
フランス	341	441	143
ドイツ	597	316	94（旧西）
イタリア	333	151	73
オランダ	257	376	101
スペイン	158	113	103
スウェーデン	53	111	86
イギリス	352	179	73
オーストラリア	34	122	251

出所）厚生省監修『食と健康』

次に、輸入食品を品目別に取り上げ、その特徴をみておこう[2]。ここでは、主要品目である畜産品、水産品、野菜類を取り上げる。

　まず第1に、1980年代以降、日本の食肉の需要は若年層を中心にして増加している。1980年における食肉の需要は366万1713トンであったが、1994年には540万9498トンに増加している。この需要の増加に伴い、輸入食肉も増加してきた。1980年の輸入比率は17.5％であったが、1994年には39.0％と15年間で約2倍も増加したことになる。今後、輸入食肉は、ガット・ウルグアイラウンドの合意に基づき、さらに増加することが予想される。現在、牛肉には48.1％の関税、豚肉には差額関税、鶏肉には9.8から13.7％の高い関税が適用されている。その他の羊肉、馬肉、内臓等は無税とされている。これが、2000年までに牛肉の関税率は38.5％に引き下がり、豚肉は基準輸入価格を上回る価格での輸入は最終的に4.3％となる。鶏肉や加工食肉調整品に関しても関税率の引き下げが決定されている。

　第2に、日本における水産物の輸入額は1993年現在では世界一であり、世界の水産物輸入の約3割を占めている。国内の主要輸入品のなかでも水産物は、石油に次いで輸入金額が大きい。この傾向は1970年代以降から強くなっている。1965年の時点では、生鮮・冷凍魚介類の輸入割合は5.2％であったが、1989年には55.8％にまで激増している。この背景には、200海里専管水域の制定と円高傾向がある。1977年に200海里専管水域が制定されたことにより、日本の外国漁業は操業中止または漁獲制限を受け、漁獲量は減少の一途をたどった。また、1971年の変動為替相場制への移行以後、円高の傾向が続いた結果、外国水産物に対する購買力がついたことも輸入増加の大きな要因である。

　第3に、野菜類の輸入も近年、急増している。1994年における輸入野菜の数量は183万トン、輸入金額が2650億円であり、1980年と比較した場合、数量が3.9倍、金額が3.1倍も増加している。輸入野菜には、生鮮野菜、冷凍野菜、一時的保存処理の野菜および乾燥野菜、調整野菜の4種類がある。なかでも、生鮮野菜の伸びは著しく、1980年と1994年を比較すると、数量が5.4倍、金額が6.6倍にもなっている。

　このように、日本では特に1980年代以降、食の国際化が着実に進んできたと

いえる。日本における食の国際化は、動物性食品や加工食品の増加、外食率の増加等によってますます進んでいくことであろう。

しかし、同時に、輸入食品の急増は、国際的な課題を日本の消費生活に投げかけている。それは、日本の食に関する国内基準を国際基準に整合化させる過程で発生している。先にもふれたが、日本の食生活は先進諸国のなかで圧倒的に輸入に依存している。それゆえに、国際基準に従わなければ、国際的な圧力がかかる可能性は高くなるであろう。整合化を推進しているコーデックス・アリメンタリウス委員会が、今後、日本の食生活に影響を及ぼすといわれているが、どのような過程で影響を及ぼしてくるのであろうか。次に、その点について議論しておきたい、

Ⅱ．世界貿易のルールと食に関する国際基準

1．ガット・ウルグアイラウンドの合意と世界貿易機関（WTO）

1994年4月にモロッコのマラケシュにおいて、ガット・ウルグアイラウンドの交渉は、正式に終了した。この交渉は、貿易自由化と貿易ルールの強化を目指し、「世界貿易機関を設立するマラケシュ協定」（WTO協定）と4つの附属書を決定した。1995年1月には、世界貿易機関（WTO）が発足している。

ガット・ウルグアイラウンドの合意は、先進国と開発途上国を問わず、すべての加盟国が自由貿易のルールに従うことを決定づけた。この合意によって決定づけられた点は、第1に、ガットのルールがモノだけでなく、サービス、特許、商標権などのモノ以外の貿易にまで拡大されたことである。第2に、これまで国内で「聖域」扱いされ、手厚い保護を受けていた農産物や繊維品がガットの規制の対象となったことがあげられる。第3に、WTOの設立により、紛争解決メカニズムが強化された。

WTOが発足して1年間の提訴案件をみると、農産物や食料品に関する提訴がいかに多いかが分かる。1995年1月から11月までの11ヶ月の間に提訴された案件は14件であるが、そのうちの9件が農産物や食料品に関する提訴であった[3]。表2は、その提訴案件と提訴国を示している。この1年間、WTOでは農産物や

食料品をめぐって貿易紛争が発生してきたといえる。国際貿易のルールに基づいて農産物等の聖域を崩すことが、いかに困難な作業かをこの数字は物語っている。

表2　ＷＴＯ提訴案件（95年1月－11月）

提　訴　案　件	提　訴　国
韓国の農産物の検査	米国
韓国の食品の流通規制	米国
ＥＵのほたて貝の輸入規制	カナダ、ペルー、チリ
日本の酒税	ＥＵ、カナダ、米国
ＥＵの穀物の輸入関税	カナダ、米国
ＥＵのバナナの輸入規制	グアテマラ、ホンジュラス、メキシコ、米国
ＥＵの米の輸入関税	タイ
豪州のサケの輸入措置	カナダ、米国
韓国のびん詰水の規制	カナダ

出所）『日本経済新聞』1995年12月28日より作成。

2．衛生植物検疫措置の適用に関する協定

　農産物や食料品に関する規定は、ＷＴＯ協定では、附属書のなかにある「衛生植物検疫措置の適用に関する協定」（ＳＰＳ協定）にみることができる[4]。この協定は、貿易に対する悪影響を最小限にすることを目的として、国際基準の尊重、措置の透明性の確保について規定している。

　衛生植物検疫措置とは、農産物や食料品が輸入される際に、病原菌や有害物質によって汚染されていないこと、病害虫が付着していないこと、また不許可の食品添加物が使用されていないことなどを確認し、必要な措置を講じることである[5]。ガット・ウルグアイラウンドの交渉では、この衛生植物検疫措置が厳格に国内で規定されすぎていた場合に、それが貿易障壁になるのではないかという問題が討論された。

　ここでの争点は、各国の農産物や食料品に関する国内基準を国際基準に整合化させる点にあった。世界には様々な食習慣があり、食習慣の相違に応じて国内の食に関する基準が規定されている。どうしても、各国の食習慣の違いによ

り国際基準を受け入れられない場合、それを例外措置として認めるのかどうかについては、議論の分かれるところである。

　1993年に市場統合を果たしたEUでも、その域内において同様な問題がすでに発生している[6]。たとえば、マーガリンは四角い容器に入れて販売することを義務づけたベルギー法、ビールに添加物の使用を禁止したドイツ法、パスタの製造にはダーラム麦のみを使用することを義務づけたイタリア法などがヨーロッパ司法裁判所においてEU法に基づき、内外無差別の原則に違反すると認定されている。特に、食文化に誇りをもっているフランスにとって、この原則は受け入れがたいものとなっている。

　SPS協定は、この問題を克服するために、「例外措置」を考慮する規定を盛り込んだ。つまり、関連する国際基準がある場合には、加盟国は原則としてそれに基づき措置を取るが、科学的正当性がある場合等においては、国際基準よりも高いレベルの保護水準をもたらす措置を採用し維持することができるとした。

　この場合、科学的正当性を判断し、国際基準を提供するのは、すでに1962年に設立されているコーデックス・アリメンタリウス委員会である。次に、この委員会について説明しておこう。

3．コーデックス・アリメンタリウス委員会

　コーデックス・アリメンタリウス委員会（以下、コーデックス委員会）は、国連食糧農業機関（FAO）と世界保健機関（WHO）が食品の世界貿易を促進し、同時に食品の安全性を確保することを目的として設立された。SPS協定で規定しているように、関連する国際基準がある場合には、加盟国は原則としてそれに基づかなければならない。食品の安全性に関する国際基準は、コーデックス委員会で制定した基準、指針および勧告であるとされているために[7]、今後、この委員会が世界の食生活に影響を及ぼすことは確実である。

　コーデックス・アリメンタリウスという言葉は、ラテン語で「食品法典」という意味である[8]、コーデックス委員会が作成している国際食品規格集は食品規格、食品取扱規範およびガイドラインから構成されている。食品規格は、市

販食料品の品質を客観的に規定している。コーデックス委員会は、加盟国政府が規格を受諾し、国内法に組み込むように勧告する。それに対する政府の回答が集計され、国際食品規格として公表されている。食品取扱規範およびガイドラインは、食品規格の補助的なものとして、食品の品質に焦点を当てている。そこでは、生産段階における使用原料や衛生的な加工、製造工程について規定されている。

　コーデックス委員会の加盟資格は、ＦＡＯまたはＷＨＯの加盟国および準加盟国に与えられている。設立された1962年には、44ヶ国が加盟していたが、1995年7月の段階では151ヶ国が加盟している。これらの国が世界の食品貿易のほとんどを占めている。こうしたことからも、コーデックス委員会が食の国際化を推進するうえで重要になってきていることがうかがえる。

　コーデックス委員会の仕事のなかで最も重要なのが、食品の安全性に関する業務である。コーデックス委員会は、いくつかの部会を通じて、食品の安全性問題に応えようとしている。主要な分野として、食品添加物、汚染物質、残留農薬、動物医薬品とホルモンの食品残留、食品衛生がある。

　最近、動物医薬品とホルモンの食品残留の分野で発生した問題は、科学的正当性に大きな疑問を投げかけている。第21回コーデックス委員会（1995年7月）で議題とされたなかに、「コーデックスの規格およびその他の勧告が科学的原則を基礎とする提案と他の考慮すべき因子の範囲の検討」があった[9]。ここで争点として浮上したのが、牛の肥育ホルモン剤をどのように評価するかであった。その背景には、前述したように、ＳＰＳ協定により各国が衛生植物検疫措置を科学的正当性のもとで行わなければならなくなったこと、その際には国際基準を基礎とすることがあった。対立の主要国は、ＥＵとアメリカであった。ＥＵはホルモン剤の使用を全面的に禁止しているために、コーデックスの規定は健康に対する影響以外の要素を考慮すべきだとした。これに対して、アメリカを中心とした国々は科学的根拠に基づいて遅滞なく設定すべきだとした。投票の結果、ＥＵの議題に関する遅延動議は否決され、国際基準値が設定されることとなった。

　ここで興味深いのは、科学的正当性に関して最終的な判断を下すのは、科学

的な実験による基準値ではなく、投票数だということである。これは、コーデックス委員会における議論の最終段階で、科学的正当性が「政治的正当性」に変化することを意味している。つまり、国際基準への整合化は、国家の利益によって大きく変化する可能性を含んでいるといえよう。

Ⅲ．食の国際化に伴う消費者問題

1．輸入食品への不安

日本の食生活が海外の食料品に依存するにつれて、消費者の間では利便性と安全性に関心が集まっている。とりわけ、輸入食品への不安は、新しい消費者問題として浮上している。

1996年6月に東京都が都民1000人を対象にして輸入品に関するアンケート調査を行っている[10]。この調査では、輸入品に対する関心と不安が消費者の間に共存していることがうかがえる。輸入品に「関心がある」と答えた人は89％であるが、同時に輸入食品に対して「不安がある」と答えた人は95％である。それは、購入した輸入品のなかで食品が多いことを示している。購入品のなかで多いのが、「野菜・果物・果汁（加工品を含む）」で83％、次いで「衣料品」が79％、「肉・魚」が67％となっている。輸入生鮮野菜を購入した理由としては、第1に「価格が安い」、第2に「輸入品しか販売していなかった」、第3に「外国産か国産品かは気にしない」という項目があげられている。

調査の結果、明らかになったのは輸入品に原産国表示が徹底されていないことであった。青果物に関して「輸入品と気付かないうちに購入してしまったことがある」という回答者は、75％にも及んでいる。行政に対する要望としては、「安全対策の充実」が79％と最も多く、次いで「適切な表示の義務付け」、「円高メリットが速やかに反映されるような指導強化」があがっている。このように、消費者には輸入食品に依存している傾向があるが、その背後には安全性に対する疑問も根強く残っているといえよう。

輸入食品の表示に対する消費者の関心は、別の調査でも明らかとなっている。農林水産省は、海外からの野菜や加工品の増加に伴い、輸入野菜などに対する

消費者の意識調査を行っている。「輸入野菜を買ったことがない」理由のなかで、「国産のものが食べたい」が79.3％、「安全性が心配」が78.7％と、この2つの理由が大半を占めている。調査の結果、輸入野菜に対する不信の原因として、商品に表示が不十分だという点が指摘できよう。そのことを実証するように、同じアンケートで表示に関して、「加工品を含むすべての野菜に表示するべき」と回答した人は78.2％であったが、「特に表示する必要がない」と回答した人は2.8％にしかすぎなかった。表示してほしい内容としては、「産地・原産国」が95.1％と最も多く、次いで「品名」が72.9％、「内容量」や「収穫時期」が60％を超えていた。

　このような現状に対応するために、消費者団体をはじめとした様々な団体から、国際化に対応した食品の安全対策に関する意見が出されている[11]。その意見は、第1に輸入食品等の監視体制の充実、第2に食品添加物規制の見直し、第3に残留農薬、動物用医薬品およびその他の微生物の基準策定の推進、第4に食品の国際規格への積極的関与に集約される[12]。次に、この4つのなかから輸入食品等の監視体制を取り上げ、その現状と問題点について検討しておきたい。

2．輸入食品等の監視体制の現状と問題点

　1993年に総務庁行政監察局が『検疫および輸入食品監視の現状と問題点』という調査報告書を出している[13]。この報告書によれば、輸入食品等の監視体制の整備強化を図るためには、多くの課題が残されている。それは、表3に示しているように、検査率の低さからもうかがえる。

　「輸入食品等」という言葉のなかには、食品だけでなく、添加物、器具、容器包装、乳幼児用おもちゃまで含まれている。輸入者は、この食品等を販売し、営業のために使用する目的で輸入する場合には、食品衛生法に基づき、厚生大臣に食品等輸入届書を提出しなければならない。表3からも分かるように、届け出件数は大幅に増加している。

　このような状況のなかで、厚生省では、1991年に、輸入食品の安全性を確保するために、第1に輸入食品の監視体制の整備強化、第2に試験検査体制の整備強化、第3に空港における検疫体制の整備、第4に検疫所の組織および人員の適

正配置等の必要性を認めている。具体的には、食品衛生監視員の増員（平成2年度末の99人から平成5年度末までに倍増、200人体制）、国際的な情報収集機能の強化、検査センターの設置、検疫所の検疫機能の強化、港湾区域衛生管理業務の適正化、検疫所の配置の見直し、検疫所要員の適正配置が、積極的な推進事項として確認されている。

表3　輸入食品監視業務の実績（単位：件、千トン、％）

区　分	昭和50年	昭和55年	昭和60年	昭和61年	昭和62年	昭和63年	平成元年	平成2年	平成3年
届出件数	246,507	314,177	384,728	477,016	550,568	655,806	682,182	678,965	720,950
輸入重量	20,775	23,108	22,665	22,284	22,055	21,924	21,866	21,731	23,704
検査総数	－	32,622	45,862	68,184	86,479	131,173	157,948	157,989	168,926
検査率	－	10.4	11.9	14.3	15.7	20.0	23.2	23.3	23.4

出所）総務庁行政監察局編『検疫及び輸入食品監視の現状と問題点』

　1991年の段階で、輸入食品等のなかで最も多かった問題は、食品と添加物に関するものであった。食品衛生法の違反事例では、食品衛生法第4条（販売等を禁止される食品および添加物）違反と同第7条（食品又は添加物の基準、規格の設定等）違反がその大半を占めている。違反件数は延べ数で1045件あり、第7条違反が509件で48.7％、第4条違反が326件で31.2％であった。

　第7条の主な違反内容は、添加物の使用基準違反と食品の規格基準不適合であった。添加物の使用基準違反には、対象外食品に対する使用の例としてソースに安息香酸が使われていたケース、ワインにソルビン酸が過量に使用されたケース、乾燥食品に二酸化イオウが過量に残存していたケースがある。食品の規格基準不適合の例として、豚肉等に抗菌性物質が残留していたケース、冷凍食品等に細菌が増殖しすぎていたケース、清涼飲料水等の製造基準違反があった。第4条違反の主な違反内容には、米、麦、雑豆、落花生、生鮮食品等の事故等による腐敗、変敗、カビ発生があった。また、暫定限度を超える放射能性物質の付着もみられた。

　このように、検査率の低さと監視体制の未整備によって、食の国際化は大きなリスクを消費者に背負わせることになっている。輸入食品に対する不安が消

えないのも、こうした問題に起因するところが大きいといえるだろう。

おわりに

　日本の食生活は、今急速に国際化している。かつて日本の食生活は、身近なものであった。それが、農村共同体における食から都市における食へ、さらに現在では国際社会における食へと変化しつつある。食品衛生法の改正も日付表示の変更も、国際基準への整合化の一環としてとらえる必要があろう。健康や安全性に関わる規制緩和も国内基準を国際基準に合わせることを意味している。この一連の変化が、国際的な環境によって大きな影響を受けていることだけは確かなことである。今後、国際基準の決定のあり方が消費者問題として浮上してくることであろう。

注

(1) 輸入食品事典研究会『総説輸入食品事典』輸入食品事典研究会、1996年。
(2) 同前書。
(3) 『日本経済新聞』1995年12月28日。
(4) 厚生省企画課・食品保健課・乳肉衛生課・食品化学課監修『データブック食品衛生 '95～'96 食と健康』厚生科学研究所、1995年。
(5) 溝口道郎・松尾正洋『ウルグアイ・ラウンド』日本放送協会、1994年、193頁。
(6) 神山美智子『食品安全へのプロポーズ』日本評論社、1993年、227-229頁。
(7) 吉川展子「FAO/WHO合同食品規格計画第4回輸出入検査および認証制度部会の報告」(『食品衛生研究』Vol.46、No.7、1996年) 25-30頁。
(8) 国際連合食糧農業機関・世界保健機関編、国際食糧農業協会訳『国際食品規格の概要紹介』国際食糧農業協会、1990年。
(9) 木村和子「第21回FAO/WHO合同食品規格委員会の報告」(『食品衛生研究』Vol.46、No.1、1996年) 9-18頁。
(10) 『日本消費経済新聞』1996年9月16日。
(11) 『日本消費経済新聞』1995年10月9日。
(12) 厚生省、前掲書。
(13) 総務庁行政監察局編『検疫および輸入食品監視の現状と問題点』大蔵省印刷局、1993年。

第7章　消費者問題の政治学的研究

はじめに

　本章の課題は、消費者問題がこれまで政治学の分野でどのように議論されてきたのかを検証することにある。

　消費者問題は、商品経済が始まって以降、売り手と買い手の間に発生してきた問題である。その発生過程は、商品の購買過程、使用過程、廃棄過程に分けることができる。たとえば、購買過程では商品の価格、表示、契約における問題があり、使用過程には品質、健康などの問題、そして廃棄過程では環境、リサイクル問題がある。このように、消費者問題は多様な局面で発生しているが、これらの過程で一貫してきたのは「買い手危険負担」という現実であった。たとえ消費者問題が発生しても、その責任を最終的に負担するのは消費者だったからである。

　しかし、1960年代のアメリカで「買い手危険負担」から「売り手危険負担」に社会的価値観が移る波が押し寄せてきた。その波はコンシューマリズムと呼ばれ、消費者の権利意識を一挙に目覚めさせた。アメリカで誕生したコンシューマリズムの波及効果は大きく、先進国だけでなく途上国においても、そして国連やOECD（経済協力開発機構）などの国際組織においてもその影響は及んでいる。この一連の動きは、消費者の利益と権利が政治過程において取り上げられる段階にきたことを意味していた。コンシューマリズムの勢力は、政治への介入によって消費者の地位を向上させ、生産者や販売者との勢力均衡を達成しようとした。そこで何より重要だったのは、政府の配分的価値を消費者側により傾斜させることだった。この段階にきて、ようやく消費者問題は政治的な争点として浮上することになったのである。

では、政治学の分野で消費者問題はどのように議論されてきたのだろうか。ここでは、3つの作業を通じて研究の整理をする。第1に、政治過程のなかに消費者問題を位置づけ、消費者問題の政治的争点を抽出したい。そこで問われるのは、消費者運動の政策決定過程に対するインパクトであり、同時に消費者保護政策の評価の問題である。第2に、消費者問題への政治的対処の方法が、国家間によってどのように違うのかを先進国間の比較、途上国と先進国の比較を通じて考えてみたい。そうすることによって、コンシューマリズムの多様性が浮かび上がってくるであろう。第3には、国際関係における消費者問題を考察する。今日的な消費者問題の特徴は、国家間の比較を通じてすべて把握できるものではなくなっている。それは、国際的な因果関係によって発生する消費者問題も多くなっているからである。ここでは、国際的な消費者問題として二重基準問題を取り上げ、その発生過程と解決をめぐる議論について検証していきたい。

Ⅰ．政治過程と消費者問題

　ここでは、アメリカの政治過程における事例を取り上げ、政治過程に入ってくる消費者の利益と政治過程から出てくる消費者保護政策に焦点を当てる。前者の入力過程では、消費者運動が政策決定過程においてどのような影響力を持っていたのかが争点となってきた。後者の出力過程に関しては、消費者保護政策が消費者の利益にとって効果があったのか否かが問われてきた。これら両者を検討することによって、政治化した消費者問題の論点を整理しておく。

1．消費者運動の影響力
　消費者運動の影響力に関しては、1970年代以降のアメリカを中心にして研究が進められてきた。その研究のほとんどは個別の消費者保護立法化に関する事例研究に終始し、体系的研究に乏しいのが実情である[1]。一方では、消費者運動が先進諸国で大きな成果を収めた点について評価がなされている[2]。他方では、消費者運動の影響力や政策に対して左右両陣営からの批判的な立場も多く

ある[3]。消費者運動の影響力の研究に関しては、コンシューマリズムを肯定する立場を取るのか、あるいは否定する立場を取るのかによって影響力の判断基準は変化している。以下では、コンシューマリズムの歴史的背景と理念について整理し、消費者運動の影響力の規定要因、そしてコンシューマリズムに対する批判を順を追って説明していきたい。

(1) コンシューマリズムと消費者運動

　コンシューマリズムとは、消費者の権利（消費者主権）を保護し、強化することを標榜している政治的理念である[4]。その権利の基礎には、1962年にジョン・F・ケネディ大統領が提唱した「消費者の4つの権利」がある[5]。それらは、安全を求める権利、知らされる権利、選ぶ権利、意見が聞き届けられる権利である。第1の「安全を求める権利」は消費者の健康と安全を有害商品や欠陥商品から保護することを、第2の「知らされる権利」は欺瞞商法からの消費者保護と消費者への適切な情報提供を、さらに第3の「選ぶ権利」は企業の独占・寡占体制から消費者の利益を擁護することを意味している。第4の「意見が聞き届けられる権利」は、消費者の利益が政治過程に反映されることを保証するものである。第1から第3までの権利は消費者と生産者の間の関係規定であり、第4の権利は消費者と政府との関係規定だといえる。

　消費者運動の影響力を検証する場合、コンシューマリズム勢力と消費者運動を区別する必要がある。両者を同一視している研究が多いが、消費者運動はコンシューマリズムの下位単位にすぎない[6]。コンシューマリズムの勢力には消費者利益を意識的に向上させようとする議員や官庁スタッフ、消費者教育家、協同組合、消費者活動家などが含まれている。それに対して、消費者運動は、政府の政策や企業の経営方針を改革することによって消費者の利益を向上させる団体だといえる。

　アメリカにおける消費者運動の波は、普通3つの時期に区分されている[7]。第1の時期は、19世紀末期から20世紀初期にかけてであり、食糧と医薬品の安全法が施行され、食品医薬品局（Food and Drug Administration）や連邦取引委員会（Federal Trade Commission）が設立された時期である。当時の消費者意識は、

「家族」や「共同体」の農村的価値観に根付いており、消費者の権利意識は弱かった。第2は、1920年代から30年代にかけてであり、家電製品などの商品の氾濫に対して消費者に客観的な情報が提供され始めた時期である。消費者保護法が強化され、消費者に政府の代表権が与えられた時期でもある。しかし、第1期と同様に、消費者運動そのものは組織化されておらず、形成途上にあった。第3期は、1960年代からである。多くの消費者保護法が新たに通過し、多数の消費者保護官庁が設立された時期である。消費者運動の制度化が進み、消費者の権利意識が強くなった時期といえよう。これら3つの時期に共通していたのは、商品の価格上昇であり、それは消費者運動が押し寄せる原因ともなっていた[8]。

このように、時代の流れによって消費者運動の特徴は異なっているが、ここでは消費者問題の説明と解決方法の違いよって運動を特徴づけた分類法を取り上げる[9]。それは、大別すると、穏健な「改革主義者（Reformists）」と過激な「急進主義者（Radicals）」に分けることができる。前者の代表的な組織には、消費者同盟（Consumers Unions）やアメリカ消費者連盟（Consumer Federation of America）があり、後者にはラルフ・ネーダーを中心としたグループがある。

まず最初に、消費者問題の説明が両者によってどのように違うのかをみておこう。確かに、改革主義者と急進主義者は、商品の安全性や情報の欠如、自由競争の制約、そして消費者救済の不備などの点で、消費者問題の認識を共有している。しかし、改革主義者は、そのような消費者問題を発生させる原因を市場の不完全な作用に求め、急進主義者は巨大企業による市場支配にその原因を求めている。改革主義者は、市場のメカニズムが自動的に作用していれば、情報の欠如や競争の制限、救済の不備は発生しないと考えている。それゆえ、市場が不完全なときには政府の介入は正当化されるが、積極的な役割は期待されていない。それに対して、急進主義者は、競争による自由市場には問題はないとみているが、企業の市場支配を問題視する。巨大企業の独占力は、価格をつり上げ、質の高い製品をつくる誘因に欠けるといった消費者問題を発生させるからである。政府については、競争を制限したり、あるいは企業を税制面で優遇したりと巨大企業と共犯の関係にあるとみている。

両者の消費者に対するイメージの違いが、解決方法を異ならせている。改革主義者によれば、消費者にはいつも十分な情報がない。市場における資源の最適配置は消費者が合理的で十分に情報があるときに達成されるので、経済的効率性の点から消費者の行為は正当化される。消費者問題の解決には、企業との連携や既存の政治制度を通じた妥協が必要とされる。それに対して、急進主義者は、消費者は無関心であるから、もっと多くの消費者を公的な決定に参加させようとしている。たとえば、消費者代表の制度化や消費者購入力の政治化によって、消費者問題の解決を進める。消費者代表の制度化は、最終的に統一した消費者保護官庁を設置することであり、消費者購入力の政治化はボイコットやガールコット（girlcott）[10]にみられる集合的な購入力を政治的に利用することである。

このように、政治に介入する度合は急進主義者の方が大きい。またその政治的影響力は、急進主義者の組織が小規模であるにもかかわらず改革主義者の組織より強いといえよう。

(2) 影響力の規定要因

政治過程における消費者運動の影響力を議論する場合、基本的に急進主義者をその対象としている。しかし、たとえ急進主義者に効力があるとはいえ、消費者利益の代表は企業利益の代表に比べてはるかにそのインパクトが弱い。アメリカで、結局消費者保護官庁が設立されなかったのも強い企業ロビイングによるものだった[11]。ここでは、そのような消費者と企業の勢力関係を考慮に入れながら、消費者運動が政治的に成功する要因を検証する。

消費者運動が成功を収める要因としては、「環境要因」と「戦術要因」がある[12]。第1の環境要因とは、世論や政府のリーダーシップといった消費者自身が変えることのできない要因を指す。消費者運動が世論のムードに依存して成功を収めることは難しい。逆に、消費者運動は政府のリーダーシップに依存するケースが多く、成功する可能性も高い[13]。たとえば、アメリカの禁煙運動を取り上げた場合、その主役を果たしたのは、連邦取引委員会（Federal Trade Commission）であった[14]。1975年のマグヌソン・モス法（Magnuson-Moss

Warranty and Federal Trade Commission Improvements Acts）成立により、連邦取引委員会に規制規則策定権限が与えられ、消費者の利益がより考慮されるようになった。結果として、マスメディアでのタバコの広告は追放され、喫煙率は激減している。

　しかし、環境要因では消費者運動の成功を決定する十分条件とはならない。消費者運動が環境要因を待つのみであれば、一貫した立法化を進めることはできないであろう。そこで、どうしても政治的成功を収めるために運動自身の戦術要因が必要になってくる。

　戦術要因には、3つの方法がある。第1の方法は、公共へのアピールと議員へのアピールである。公共へのアピールは効果が大きく[15]、商品比較や危険性の暴露を通じて世論を引きつける戦術である。議員へのアピールは、議員の再選願望を利用するケースである。議員の再選願望は、全消費者に利益となる法案を通す可能性を高める。しかし、それはあくまで運動が議員のニーズに対応できる立法を促進するときに限定されている。第2の方法は、消費者運動が攻勢をとって、積極的にマスメディアを利用し、消費者保護法案に名前を付けることである。この方法に関する十分な研究は見当たらないが、有害商品をマスコミにスキャンダル事件として取り上げさせる効果は大きい。また、「真実（truth）」、「公正（fair）」などのアメリカ的価値観と一致する方法で法案を命名すれば、立法化に成功するケースがある。実際、「真実」や「公正」を冠した法律は多い。第3の方法は、消費者が企業と連合を組む戦術である[16]。これは、同じ商品の売り手間の対立あるいは異なる商品の売り手間の対立を利用して、消費者の利益と近い方の企業と連合を組み、成功を収めようとするケースである。しかし、この研究に関しては、消費者が逆に企業の利益に利用されているという反論もある[17]。

（3）コンシューマリズム批判

　消費者運動を中心としたコンシューマリズムには左右両陣営から批判が展開されてきた[18]。まず最初に、保守的な批判の多くは、消費者運動の求める規制が企業に巨大な費用をかけ、消費者個人の選択を制約するものと断定している。

たとえば、その代表として政府の「介入主義」批判をあげることができる[19]。その批判によれば、連邦規制官庁による消費者保護政策の帰結は、価格の上昇、増税、消費者の選択の制約、技術革新の低下、自由企業システムの硬直化であった[20]。また、消費者運動のインパクトは誇張されすぎており、消費者を満足させるのは「売り手」による自己利益の行動の結果にすぎないと判断している[21]。つまり、保守的批判は、自由企業システムが消費者の利益を自動的に保護するように構造化されているので、消費者運動は不必要であるという立場に立っている。

次に、左翼自由主義陣営は、消費者運動はあまりにも「改革主義」的であり、政治経済システムの根本的欠陥に挑戦できないと断定している。たとえば、ガルブレイス的観点に立つ批判[22]は、消費者運動が組織化や消費者主権の確立に失敗した原因を、運動が古典的なミクロ経済理論を受容した点に求めている。消費者運動は企業の独占状態に対応できず、より広い生活の質の問題にも対応できなかったからである。その結果、運動は収入配分、環境問題[23]、アイデンティティ、共同体といった幅広い争点を無視することになったと結論づけている。マルクス主義の観点[24]からは、消費者運動は政治的に無力であるという烙印が押されている。消費者運動は主として教養のある中間層に利益となり、企業支配には厳しい挑戦をしない。マルクス主義批判は、運動の構造的弱点として、消費者との意思疎通の欠如、動員能力の無さ、攻撃的な行為への拒絶、既存の市場調整機能の受容、その調整へのイデオロギー的支持の5点を指摘している。このように、左翼自由主義陣営からは、消費者運動は不必要ではないが、消費者問題解決の十分条件ではなかった。

しかし、左右両陣営からの批判は、消費者運動の一面をとらえているが、総合的な批判とはなっていない。保守的な政府の介入主義批判は、消費者と企業の勢力均衡を暗に前提としており、消費者問題の発生過程に関しては考慮していない。市場メカニズムが未然に消費者問題を防止するというのは、あまりにも理想主義的である。消費者問題は、市場メカニズムが作用する前からすでに発生しているからである。左翼自由主義陣営からの批判も、消費者運動が構造的、階級的、環境的争点にまで消費者のアジェンダを拡大した場合、運動が公

共の支持を失う事例を考慮していないといえよう[25]。

コンシューマリズムへの批判は、コンシューマリズムが左右の両陣営に分類されないことを示唆している。しかし、コンシューマリズムがかつての左右両陣営のイデオロギーに代替できる、あるいは対峙できるものでもない。やはり、その単一争点的特徴とその政治的限界を考慮に入れておく必要があろう。

2．政策評価

消費者保護政策の効果の有無も議論の分かれるところである。たとえ消費者運動が法案を通すことに成功したとしても、最終的な成功は消費者の経済的福利がその立法によってどのような影響を受けたかに依存しているからである。たとえば、アメリカでよく取り上げられる事例の1つに子供の寝間着の可燃性問題がある[26]。製造物安全規制により寝間着の素材が規制されたが、燃えにくさに力点をおいたために新たな素材から発がん性物質が検出された事例である。この事例だけに止まらず、消費者保護政策には意図せざる帰結が生じやすい。消費者保護政策の効果を評価する場合、総合的な見地から検討する必要がある。以下では、体系的な研究と個別的な事例研究の比較を通じて、政策評価の議論を整理していきたい。

(1) 体系的研究

消費者保護政策に関する体系的研究は、個別的な政策の事例研究に比べてはるかに少ない。ここでは、マーク・V・ネーデル（Mark V. Nadel）とロバート・N・メイヤー（Robert N. Mayer）の研究を取り上げ、政策に対する評価を考察する。

ネーデルの研究は、1960年代の消費者保護政策を対象にした初期の研究である。その分析は、消費者保護政策の受益者を社会階層に応じて分類し、消費者保護政策が議会で反対される原因を説明している[27]。

ネーデルによれば、消費者問題は消費者の所得格差に応じて二分される。第1のタイプは、所得の格差にかかわらずすべての消費者が被害を受ける問題である。たとえば、食品や自動車などの健康や安全を争点とした消費者問題がこ

れに当たる。もちろん、自動車は所得の低い消費者には購入できない場合が多いが、歩行者として欠陥車の被害にあう場合が想定されている。第2の消費者問題は、所得の高低によって変わる消費者問題である。たとえば、詐欺商法や独占による人為的な価格のつり上げは、所得の低い人にとっては被害が大きい。たとえば、薬の安全性問題は、すべての所得階層に影響を等しく及ぼすが、薬の価格の上昇は、所得水準が低下するにつれ大きな問題となる。第1の問題が「集合的（collective）」な消費者問題だとすれば、第2は所得の高低によって変化する「差異的（differential）」な消費者問題だといえよう。

　消費者保護政策は、この2つの消費者問題に対応して形成される。集合的な諸問題を解決する政策は、規制法の形態をとり、免許、指導、施設や製品の検査、安全基準に関わっている。差異的な政策は、反トラスト法や情報公開の形態をとっている。ネーデルは、1960年代から70年代にかけて、この時期のアメリカの消費者保護立法を検証した結果、3つのことを明らかにしている。第1に、低所得の消費者は高所得の消費者よりも消費者保護をはるかに必要としていた。しかし、その費用は市民に同様に税金として課され、低所得の人々は逆進的な費用を払わされているのが実情だった。第2に、消費者保護立法は、売り手の買い手に対する責務を増やしたが、企業と消費者の権力関係を変えるものではなかった。差異的な政策は両者の権力関係を変える可能性が高いが、実現は困難であった。第3に、企業は消費者保護立法に反対してきたが、実質的に企業には利益損失がなかった。自動車の安全規制にみられるように、結局は安全のための費用は消費者が価格面で負担することになったからである。

　ネーデルは、1960年代の議会でどのような条件のもとで消費者保護政策への反対意見が多くなるのかを検証している。その結果、反対が強くなるのは、企業活動の自由を制約する場合と消費者に容易に転嫁できない費用を企業に課す場合であった。この両者の少なくともどちらかを選択しようとしたきに、上院と下院ともに議会の規制反対が強くなっている。

　ネーデルの結論によれば、結局のところ、1960年代の消費者保護政策は生産者優位の権力パターンを変えるものではなかった。

　次に、メイヤーの研究は1970年代と80年代の消費者保護政策を対象としてい

る[28]。メイヤーは、政策評価の論理として留意しなければならない点を3つに整理している。それらは、消費者運動のインパクトを評価する方法、消費者福利に影響を及ぼす政策以外の要因の排除、そして既存の研究の問題点である。

第1の点は、消費者運動の効果を連邦の規制の効果と同一視することが妥当かどうかである。妥当だとするなら、連邦諸機関が消費者政策の意図を忠実に遂行しているという前提に立っている。ところが、連邦諸機関の効果は、官僚的な惰性や省庁間の軋轢などの要因によって、妥協の産物となっているのが実情である。したがって、消費者政策を積極的に推進できなかった政府の失敗は、運動の成果を過少評価させることになってしまう。しかし、メイヤーは、これまでの評価研究の多くが特定の連邦法や規制のインパクトに焦点を当てているために、それらの業績から出発せざるをえないことを認めている。

第2の点は、どのように政策の効果を知るのかという問題である。常に、法の効果なしで産業界の効率性を高めることが可能だという考えがある。評価研究で重要な点は、政策以外の不明確な要因が効果の原因になっている可能性を減らすことにある。そのために、政策と効果の間に因果関係があるという確実性を高める方法が必要となってくる。新薬の場合などは、対象者、地域等の観察単位を設定して実験する場合があるが、これはまれである。たいていは、政策実施前と後の統計調査を利用するケースが多い。

第3の点は、既存の研究の問題点である。これまでの多くの分析は、非科学的バイアスの影響を受けやすかった[29]。たとえば、産業側の見解は、規制を回避するために政策による費用を誇張しすぎ、逆に政府側の見解は、規制のために費やされた資源を正当化するために便益を強調するといった具合である。メイヤーによれば、消費者保護政策の目的は、消費者の便益を高めることを目的として作成されてきた。その考えを前提として、メイヤーは政策による便益のみの規模を示す「効果」と、政策によって生み出された便益と政策によって課された費用を比較考量する「効率」とを類別した。

しかし、後の個別研究を除いて、効果と効率を念頭においた研究は少ない。消費者に及ぼす政策のインパクトについては正確な評価が出にくいのが現状である。今後の課題としては、地方政府[30]と民間組織で実施された政策評価も

残されている。

(2) 個別的研究 ── 費用と便益の視点 ──

　政策評価の研究は、ほとんどが個別的な事例を対象としている。それらの分析手法は、主に「政策の効率」に力点をおいてきた。具体的には、新薬規制、自動車安全規制、消費者製造物安全委員会（Consumer Product Safety Commission、ＣＰＳＣ）による薬物のボトルキャップ規制などの争点がある。これらの個別研究は、政策実施による消費者の便益と費用について比較考量している。以下では、順を追ってそれぞれのケースについて説明しておきたい。

　新薬規制については、1962年の薬事法改正の事例がある。改正後、企業はすべての新薬申請について販売前にその薬の効果を証明する義務を負わされた。この事例の場合、規制の効果については議論が分かれている。サム・ペルツマン（Sam Peltzman）によれば、改正は効果のない薬の浪費を減らしたが、新薬の有効性の証明は薬の革新を後退させ、競争の制限によって消費者の負担を高めたと判定している[31]。この見解に対しては、トマス・マックガイヤー（Thomas McGuire）からの批判がある[32]。彼は、ペルツマンが消費者情報の増加から得た利得を過小評価し、新薬の厳しい審査と関連した費用を誇張していると反論したうえで、その分析の有効性を疑問視している。

　自動車安全規制の効果に関しては、肯定的な研究が多い[33]。これは、規制による価格の上昇は消費者負担になったが、安全性の便益が費用より大きかったことを示している。しかし、同様にペルツマンは否定的な評価を下している[34]。彼は、自動車の安全規制が高速自動車道の死亡率に影響を及ぼしていないことを主張し、同時に運転者の死亡者数の減少は、危険な運転の増加による歩行者の死者の増加で相殺されていることを強調した。このペルツマンの分析には、レオン・Ｓ・ロバートソン（Leon S. Robertson）からの批判がある[35]。彼は、ペルツマンが規制自動車と無規制の自動車の両方に関連した死亡率のデータを混同して利用している点を批判した。ペルツマンの方法を修正して、歩行者の死者が増加しなかったこと、同時に危険な運転が増加しなかったことを実証し直している。

消費者製造物安全委員会の規制についても肯定的な評価が多い[36]。しかし、薬物から子供を保護するためのボトルキャップ規制には、その効果を否定する分析もある。W・K・ヴィスクシ（W. Kip Viscusi）は、保護用のボトルキャップが逆に親の注意力を低下させ、消費者の安全性が減少する可能性を検証した[37]。彼は、規制保護による注意力低下を「睡眠効果（lulling effect）」と名付け、安全規制はいかなる安全便益をも相殺させる睡眠効果があることを説明した。

これらの個別研究を通じていえることは、その内容が肯定的であれ否定的であれ、評価は消費者の利得と損失が最も顕著なところで共通し、正確であった点である。たとえば、自動車、医薬品、家庭用品などの安全性が評価研究として成功している。肯定的な評価は、政策の総便益のみを強調する傾向にあり、政策が効率的であったかどうかは、判然としないことが多い。逆に、否定的な評価は、研究の中では少ないものの、費用と便益の比較をした研究が多い。その論旨は、市場が消費者の便益を生み出す十分条件であり、政府の行動は必要がないという点にある。さらに、好意の政策でさえ、消費者には深刻な副次的効果があることを示していた。

Ⅱ　消費者問題の比較政治

これまでは、アメリカのコンシューマリズムについて検討してきた。確かにコンシューマリズムはアメリカで最初に誕生したが、アメリカだけの現象ではない。1960年代には他の先進諸国においても、1980年代以降には途上国においても、多様なコンシューマリズムが展開してきた。すべての国がアメリカのようなコンシューマリズムの形態をとったわけではない。消費者問題への取り組みは、国の政治経済の構造によって当然変化してくるからである。消費者保護のあり方は、先進国の間においても、そして先進国と途上国の間においても大きな違いがある。では、その違いはどこから生じ、どのような特徴を帯びているのだろうか。以下では、消費者保護の相違を第1に先進国間の比較、第2に途上国と先進国の比較を通じて検証していきたい。

1. 先進国間の比較

先進国のコンシューマリズムには、3つの点で共通した特徴がある[38]。第1の特徴は、コンシューマリズムの支配的イデオロギーが「改革主義」となっている点である。それは、独占企業や産業権力に挑戦するよりも有害商品や欺瞞商法をなくすことに力点がおかれていることを意味している。消費者問題の解決方法には、企業行為に対する政府の規制が取られる傾向にある。第2は、ほとんどの国に商品テスト機関が設置されている点である。第3は、消費者運動と他の社会運動、たとえば労働運動や環境運動との密接なつながりがある点である。

では、コンシューマリズムの相違はどこに求められるのであろうか。それは、政府の経済介入の程度によって変化してくるといえよう[39]。消費者問題の解決に積極的に介入するのは、基本的にはアメリカ以外の先進諸国であり、消極的なのはアメリカである。アメリカ以外の先進諸国においては、政府が直接的にコンシューマリズムの促進を図り、消費者保護の名目のもとに個人の選択と表現の自由を制約する傾向にある。それに対して、アメリカでは、政治と経済との分離が大前提にあり、コンシューマリズムに政府が積極的に介入する傾向は弱い。次に、アメリカとアメリカ以外の先進諸国、ここではスウェーデンとフランスを取り上げ、その相違を具体的に比較していきたい。

(1) 政府介入消極型：アメリカ

アメリカの場合にも、政府の介入は存在しているが、基本的に介入には消極的である。確かに、タバコ規制の成功[40]が示すように、行政委員会（連邦取引委員会）が積極的にタバコ関連の利益を抑えてタバコ消費を減少させたことは、政府介入の顕著な事例である。しかし、そのような事例だけを取り上げると、アメリカのコンシューマリズムの全体像を歪めることになる。アメリカは、西欧諸国や日本のように、消費者代表の強化、生産者あるいは消費者の活動規制などによって消費者問題を解決してこなかった。アメリカがこれまで取ってきた手段は、主に3つに分類できる[41]。第1に消費者救済の手段を開発すること、第2に政府の規制よりも競争や規制緩和によって消費者を支援すること、

第3に広告の助成と管理を通じて消費者の利益を増進すること、これら3つがアメリカにおけるコンシューマリズムの基本的特徴といえる。

　まず第1に、消費者救済の代表的な手段として、訪問販売に対する「クーリング・オフ制度」、「レモン法」、「製造物責任」、「集団訴訟（クラス・アクション）」の4つがある。クーリング・オフ制度は、1972年に連邦取引委員会によって考案され、消費者は商品購入から3日以内なら契約を解消することができるようになった。この制度は、後に日本や欧米諸国にまで波及した。レモン法とは、欠陥車（lemon）について新車との交換や代金の返還を命ずる州法の通称である。1980年にコネチカット州で最初に実施され、州レベルで消費者の権利を拡大した。製造物責任は、周知のように生産者と消費者の主客関係を逆転してしまった。1963年を境にして、生産者は過失がなくても製造物に欠陥があった場合、責任を負うことになった。しかし、1980年代中頃に製造物責任の訴訟は過熱し、消費者にとっても訴訟料の高額化によって、有害となるケースが多く出てきている。最後に、集団訴訟は、同一の違反行為によって被害を受けた多くの個別の消費者を代表して訴訟を起こすことができる制度である。

　第2に、産業の規制緩和による消費者保護がある。19世紀のアメリカは、銀行や道路をはじめとして多くの基幹産業が連邦政府の規制のもとにあった。その背景には、秩序だった競争と安定した価格を維持する当時の国内事情があったからである。1970年代までは、経済規制が続き、輸送、通信、農業、エネルギー、金融などの基幹産業は規制されていた。しかし、1970年代以降は産業規制がエコノミストや消費者から批判され、産業の規制緩和が始まった。規制緩和が消費者の利益を促進すると考えられたからである。現在、ヨーロッパの消費者団体は規制緩和が消費者の利益に役立つことを調査し出しているが、日本の消費者団体は規制緩和の効果に懐疑的といえる。

　第3に、広告の推進と規制による消費者保護がある。アメリカは、広告量の多さでは他国の追随を許していない。政府は、広告の欠如が消費者を害しそうなときは広告を推進し、広告の過剰が有害なときは広告規制に乗り出す。広告はそのときどきの市場の動きに対応して、効果を発揮してきた。たとえば、1970年代以降の規制緩和を受けて、連邦政府は広告に関する2つの禁止項目を

廃止してきた。1つは、競争相手の商品を比較する「比較広告」であり、もう1つは「専門家による広告」である。廃止の目的は、多くの情報を消費者に与え、価格競争を促すことにあった。ヨーロッパ諸国と日本では、比較広告と専門家による広告の利用については、ごくまれである。

　これら3つの点から、アメリカの消費者保護は、基本的には市場のメカニズムに任されているといえよう。政府はあくまで介入には消極的である。しかし、その背景には他国に比べてより強力なコンシューマリズム勢力が存在し、機能していることも事実である。他国と比較した場合、その事実によって政府の介入が消極的であったことも十分説明できる。

(2) 政府介入積極型：スウェーデンとフランス

　アメリカ以外の先進諸国の特徴も3つに総括できる[42]。第1に、消費者の利益は、北欧のオンブズマン制度の例のように、政府機関によって表明されることが多い。消費者代表に対する政府の支援は、ほとんどのヨーロッパ諸国や日本でみられるケースである。

　第2に、消費者情報と教育に関しては、商品テスト機関の政府補助と消費者援助のプログラムが正当化されている。イギリスを除いた西欧の国々では政府が商品テスト機関を支援している。また、消費者教育についても、ノルウェーでは学校での消費者教育は義務づけられており、フランスでも消費者教育の政府補助がある。

　第3の共通点として、消費者保護政策による自由の制約がある。「商品被害からの自由」と市場に「商品を売る自由」とが対立した場合、アメリカよりも集団的伝統の強い国では、被害からの自由が優先される傾向にある。たとえば、ほとんどのヨーロッパ諸国ではテレビコマーシャルは、公共の名の下に制約されている。デンマークは、テレビコマーシャルを認めていなし、ノルウェーでもアルコールとタバコの広告、そして女性を性の対象として広告に出すことを禁止している[43]。それ以外にも、安全でないという理由から、スウェーデン政府とフィンランド政府は、消費者が「戦争玩具」を購入する自由と企業がそれを売る自由を否定したケースがある。

このように、アメリカが消費者運動主導型のコンシューマリズムだとすれば、アメリカ以外の先進国は、程度の差はあるものの総じて政府主導型あるいは政府と消費者団体連携型のコンシューマリズムといえよう。

ところで、政府の介入がすべて成功したわけではない。国の事情によって成功する場合もあれば、失敗する場合もある。次に成功例をスウェーデンに取り、失敗例をフランスに取って、なぜ成功したのかそして失敗したのかを考察していきたい。

スウェーデンの消費者保護政策を考える場合、ヴィクトール・E・ペストフ（Victor A. Pestoff）の研究が役立つ[44]。ペストフは、スウェーデンにおける消費者の影響力の歴史を5段階に区分し、政府の介入の重要性を強調した。彼は、1940年から1953年までを創設期、1954年から1971年までを拡大期、1972年から1977年までを強化期、1978年から1984年までを縮小期、1985年以降を分散期とし、コンシューマリズムの盛衰を明示した。その際に、スウェーデンの消費者政策をめぐる市場、政府、消費者団体の関係を解明するために4つの理論概念を用いている。それらは、「退出（exit）」と「声（voice）」[45]、「集合行為」[46]、「対抗勢力」、政策決定への「組織的参加」である。

ふつう、商品を購入する場合に他によい商品や店があれば、その商品の購入をせず代替可能なものを他に探す（「退出」）であろう。しかし、代替が不可能であれば、それは商品や店に対する苦情となり、抗議に走る（「声」）こととなる。スウェーデンでは、独占、寡占の傾向が強く、商品の代替可能性が低い。選択肢としては、「退出」よりも「声」の方が現実味を帯びている。しかし、抗議活動に走ったとしても、それが「集合行為」として組織化されなければ効力は発揮できない。消費者団体に限らず、通常、組織はただ乗り（フリーライダー）の問題を抱えている。消費者は、合理的な自己利益の下で行為しているので、「強制行為」や「選択的誘因」がなければただ乗りは続出することになる。スウェーデン政府は、その組織上の問題を解決するために消費者団体を支援してきた。さらに、先進資本主義は、競争から寡占、独占に移行しており、スウェーデン経済も他の北欧諸国に比べてその傾向が強い。企業の集中度が高くなるにつれ、市場のメカニズムを維持するために強い生産者に対する「対抗勢力」

が必要になってきた。スウェーデンでは、政府が「対抗勢力」を育成する役割を担うことになった。最後に、スウェーデン社会は、経営者団体と労働団体が高度に組織化されており、政策決定過程は自由民主的なコーポラティズム体制をとってきた。しかし、消費は労働や資本と異なり、十分に組織化されていないために、政府が消費を組織化する必要性がでてきたのである。

結果として、消費者は「集合行為」によって経済的に集中した市場と組織化された政治過程のなかで継続的に「声」をあげることができた。具体的には、社会民主党、労働組合、そして協同組合の組織的な支持が効果的な消費者保護メカニズムを確立した。スウェーデンでは、消費者政策の成功は政府介入の功績が大きかったといえよう。

スウェーデン以外でも、ノルウェーが同様な特徴を有し、政府官僚の役割が強調されている[47]。また、イギリスに関しては、消費者運動が発展するうえで政党が重要な役割を果たしているとする研究もある[48]。

さて、次に介入による失敗例を考えてみたい。フランスのコンシューマリズムには、政府介入によって弱体化した歴史がある[49]。その背景には、政府介入の伝統、弱小で分散的な組織が多いこと、そして全国消費者協会（National Consumers' Institute）の二重性があった。

フランスのコンシューマリズムをみた場合、政府はすでに1951年に連合消費者同盟（Federal Consumers' Union）の創設を支援している。1967年には、政府は消費者保護のために公的機関として全国消費者協会を設立した。それ以外にも、消費者保護の窓口はいくつかの行政官庁で設置されている。しかし、スウェーデンとは異なり、消費者救済の窓口は分裂していた。政府レベルの分裂に応じて、民間レベルでも消費者の関係団体は組織化しにくかった。家庭関係の協会や、消費者団体、そして労働組合に管理されていた協同組合等は、弱小で分散した組織だったからである。全国消費者協会も、生産者と消費者の双方から批判を受け、公的機関としては仲介役としての機能を十分果たしていなかった。

このように、フランスの例は積極的なコンシューマリズムを抑え込む構造をとっていた。それは、スウェーデンとは異なり、民間の団体が未組織であり、

弱小だった伝統があったからである。そのことにより、政府の介入が逆に裏目に出たかたちとなった。政府介入は、消費者団体の分裂を助長しただけだったといえよう。

2．途上国と先進国の比較

　途上国のコンシューマリズムを検証する場合、その形成要因を2つに分類しておく必要がある。なぜなら、途上国の消費者問題は国内要因と国際的要因によって歴史的に発生してきているからである。国内要因は、途上国固有の市場と消費者の特質によって、国際的要因は先進国から輸入される商品、生活スタイル、消費者政策によって規定されてきた。後者については、国際関係における消費者問題で論じるので、ここでは前者について検討していきたい。

　途上国のコンシューマリズムに関する研究は、端緒についたばかりである。ここでは、代表的な研究としてハンス・B・ソレリ（Hans B.Thorelli）の分析を取り上げる[50]。

　ソレリは、タイの消費者問題を実証した結果、途上国と先進国では消費者政策の優先順位が逆転する結論を引き出している。途上国における消費者政策の優先順位は、第1に消費者保護、第2に消費者教育、第3に消費者情報である。先進国の順位は、その逆である。

　ソレリは、優先順位が逆転する途上国の事情を4つに整理している。第1に、市場は売り手のために存在しており、消費者の利益に配慮するインセンティブが売り手側にはない。たとえば、多くの製品は地方で個別に作られており、品質管理の適切な基準が決められていない。輸送や貯蔵能力がなく、新鮮な食物を保存するのに不適切であったり、不純物や混ぜものが多い。第2に、多くの消費者が先進国のような高い消費意欲をもっていない事情がある。第3に、途上国において消費者は「忘れ去られた人（the forgotten man）」になっている。消費への関心は、重工業、エネルギー、防衛、その他の基幹産業に比べてはるかに低いからである。また市民は、自分たちを「消費者」だと思ってもいない。第4に、研究上の問題として、消費者関係のデータが少ない事情がある。

　ソレリは、途上国の消費者をこのような束縛から解放するために、途上国の

「秘密資本主義（cryptocapitalism）」をオープンな市場システムに転換する必要性を説く。秘密資本主義は、政府と企業間の汚職のはびこった閉鎖的な状況を温存し、重工業生産依存の体質を意味している。開発の機動力には、個人の動機付け効果に依存したオープンな市場システムが必要である。そのためには、どうしても売り手と買い手の勢力均衡が必要条件になる。それゆえ、途上国では消費者政策に対する政府の積極的な介入が期待されている。売り手と買い手の均衡は、消費者のための基盤整備を政府が保証することを意味している。たとえば、製造物の統一性、品質保証、欺瞞商法の排除、苦情処理制度など、多くの課題が残されている。消費者政策の優先順位が、保護、教育、情報となっているのは、その現れであろう。

　ソレリは、途上国の消費者に情報を与えれば消費者問題は解決されるという考えを非現実的なものとしてしりぞけている。また、長期的には途上国の優先順位が先進国と同様に、情報、教育、保護に逆転すると結論づけている。しかし、国際的要因を考慮した場合、先進国との経済的な格差が縮小しない限り、途上国における消費者政策の優先順位は、単純には逆転しないと考えられる。また、ソレリの研究に対しては、途上国の消費者を低所得層の人々と同一視し、外国の輸入品を多く購入する中間層の消費者を無視しているという批判がある[51]。

　つまり、途上国の消費者問題は、先進国との「比較」を通じてよりも「関係」の視点からみた方が、鮮明に浮かび上がってくる。国際社会のレベルで議論される消費者問題は、その因果関係を前提にしているからである。

Ⅲ．国際関係における消費者問題

　消費者問題は、世界的な自由貿易の促進によって国際的な因果関係の下でも発生している。国内の消費者問題を論じるだけでは、すべての消費者問題を説明したことにはならない。残された課題は、国際的な因果関係によって発生している消費者問題をどのように説明するかである。

　国際的な消費者問題の争点としてあげられているのが、二重基準問題[52]である。この問題は、先進国と途上国の違いを無視あるいは軽視して自由貿易が

促進されるために発生してきた。1985年には、国連がこの問題を解消するために総会で「国連消費者保護ガイドライン」を採択している。今日、二重基準問題は、消費者のみならず、企業、政府、国際組織を巻き込んだ大きな国際問題にまで発展しているといえよう。以下では、第1に二重基準の発生過程とその形態を、第2に国連消費者保護ガイドラインをめぐる議論を通じて国際関係における消費者問題を考察していきたい。

1．二重基準と途上国の消費者問題

二重基準問題によって被害を受けるのはたいてい途上国の消費者である。途上国の消費者問題を複雑にしているのは、国内要因だけでなく、国際的要因が深く関係しているからである。その解決の糸口はまだ見いだせていない。

(1) 二重基準の発生過程

二重基準の発生原因について考える場合、先進国と途上国の国内事情の違いを考慮しておく必要がある。ここでは、アメリカの国内事情を例に取って考えてみたい。

1970年代のアメリカではすでに二重基準問題が検討されていた[53]。それは、アメリカ消費者保護法における矛盾の現れでもあった。アメリカ多国籍企業の行動をみた場合、アメリカ国内で明らかに非合法的な市場慣行が外国市場では合法的であり、促進さえされていた。たとえば、タバコ広告がそのよい例であろう。アメリカでは当時テレビ、ラジオでのタバコ広告は議会で禁止されていた。しかし、アメリカの農業利益を維持し、拡大するために、議会は日本、タイ、オーストリアなどで広告に補助金を出し続けていた。アメリカの主要な消費者保護官庁、たとえば連邦取引委員会や食品医薬品局などは、外国における法基準の相違を考慮して、外国輸出の例外事項を設けていたからである。

二重基準を知るうえで、1970年に発生したチクロ食品の海外輸出はよい事例である。アメリカは、1970年に安全性の観点からチクロ食品の国内販売を禁止した。いくつかの企業は、この非合法的な食品を多く抱え込み、販路に苦渋していた。しかし、結果的に、業者はそのチクロ食品をヨーロッパやアジアの

国々に販売している。それは、食品医薬品局の禁止には輸出商品は該当しておらず、また外国においてチクロの販売は違法ではなかったからである。

タバコを例に取れば、逆に受け入れ国側が直面しているジレンマを理解できる。言うまでもなく、タバコの健康に関する害は、多くの国で十分認められている。しかし、多くの途上国では政府の歳入、雇用促進、産業化の資源としてタバコに依存している現状がある。このような国は、禁煙規制を推進することはできない。日本もその例外ではない[54]。

1970年代のアメリカでは、二重基準を解消するために消費者保護法の整合化（harmonization）を進める動きが出てきたが、結局うまくはいかなかった[55]。それは、企業ロビーが消費者立法に輸出の適用除外条項を盛り込む圧力をかけていたからであり、世界の消費者保護法の多元性のなかで整合化を進めることは困難だったからである。国際貿易では、ある国で禁止されている商品が別の国では基準の相違のために公然と合法的に販売されてきた。国際社会では、その構造のゆえに「買い手危険負担」が支配的だといえよう。

(2) 問題の形態

では、二重基準問題はどのような形態を取っているのであろうか。ここでは、先進国から途上国に輸出される商品、生活スタイル、そして消費者政策の3つの観点から考察する[56]。

まず第1に、外国商品の輸入には、肯定的な側面と否定的な側面がある。肯定的な側面としては、通常、先進国の企業は消費者志向なので途上国の企業に品質管理などの点で良い影響を及ぼすことがあげられる。否定的な側面では、先進国企業が途上国を新製品の試験地として利用するケース、先進国で廃棄された製品をダンピングするケースがある。前者は輸出国では一度も使用されなかったケースであり、後者は安全性問題で国内市場から締め出された後に輸出されたケースである。先ほどのチクロ食品のケースがこの後者に当たる。1970年代に大きな問題となった粉ミルクは、この前者にも後者にも属さないケースといえる。これは、先進国では安全な商品が途上国では危険になる可能性があることを示唆しており、別個の問題といえよう[57]。

第2に、生活スタイルの輸入にも肯定面、否定面がある。肯定面としては、衛生水準の向上があげられる。否定面では、贅沢品が生活必需品を犠牲にするケースがある。たとえば、途上国でも栄養価の高い地元の食品が加工食品に締め出される傾向にある。これは、途上国の消費者志向が外国企業によって人工的に決定されていることを示している[58]。先進国から輸入された消費水準は、個人の生活上の優先順位を変化させ、ごみ収集、教育、公共住宅といった公共財を犠牲にして社会投資を私財の供給に向けさせてきたからである。

　第3に、消費者政策の輸入は、肯定的な側面として考えられる。比較商品テストや消費者アドバイスセンターなどは、先進国から輸入され、効果を収めている。しかし、1970年代に二重基準が大きな消費者問題となったとき、途上国には統一的な消費者保護政策は存在していなかった。「買い手危険負担」の国際社会のなかで、途上国の消費者は経済的にも政治的にも弱い立場にあった。個人レベルで「声」をあげることも、消費者団体として「集合行為」をとることも、そして多国籍企業の「対抗勢力」となることも困難だった。もちろん、国際組織の政策決定過程に組織的に参加することはできなかった。

　しかし、国際消費者機構（International Organization of Consumers Unions、ＩＯＣＵ）[59]の存在は、二重基準を解消するうえで大きな役割を果たしてきた。途上国消費者の利益が国際消費者機構に吸収され、その利益が国連で反映されてきたからである。その結果、1985年に国連総会で採択された「国連消費者保護ガイドライン」（以下、ガイドラインと呼ぶ）は、途上国の消費者保護にとって転換点となった。さらに、ガイドラインに関する議論は、消費者問題に止まらず、国連のあり方にまで及んでいる。これは、消費者問題のような社会問題が国際政治の争点になってきたことを意味している。

2．国連消費者保護ガイドラインをめぐる議論

　ガイドラインの大きな課題は、途上国の消費者問題を解決することにあった。前述したように、その背景には、途上国独自の政治経済構造と二重基準による問題が存在している。たとえば、途上国だけに限ったことではないが、タバコを例に取った場合、多くの国は、政府歳入と雇用の資源としてタバコ産業に依

存していた。また、市場経済の導入と自由貿易の推進は、負の側面として先進国で有害とされた商品を受け入れる結果となった。1960年代から70年代にかけて、先進国ですでに問題のある医薬品や化粧品、加工食品などの商品が二重基準を利用して途上国に入ってきていたからである。

　二重基準を解消するためには、先進国と途上国の違いにとらわれない普遍的な消費者権利と商品に関する国際基準を確立する必要があった。ガイドラインは、その必要条件をすべて満たしてはいなかったが、少なくとも消費者の安全性、製造物基準、教育と情報に関して消費者保護の指針を示すことができた。ガイドラインは、実質的には途上国を対象としていたが、先進国の消費者保護を考慮した指針でもあった。なぜなら、ガイドラインの原形は、アメリカのコンシューマリズムに求められるからである。

　ガイドラインがアメリカ的なコンシューマリズムの反映である根拠は、ガイドラインをめぐる対立軸にある。その対立軸とは、政府が消費者保護のために介入すべきか否かである。つまり、国際社会もまた消費者問題の解決をめぐって意見が二分されているといえよう。ここでは、ガイドラインをめぐるマレー・ワイデンバウム（Murray Weidenbaum）とエスター・ピーターソン（Esther Peterson）の論争を取り上げ、対立軸を明示しておきたい。

　ワイデンバウムは、レーガン政権でブレーンの役割を果たし、消費者保護に対しては保守的な見解の持ち主である。彼は、消費者保護のあり方と国連の役割の観点からガイドラインに対して批判を展開している[60]。

　ワイデンバウムが消費者保護のあり方で問題としているのは、主に政府の介入、消費者選択の制約、そして政策に伴う費用の軽視である。政府の介入は、計画経済の失敗を途上国においても繰り返すことになり、むしろ消費者にとって有害となるからである。同様に企業に対する規制の強化は、結局のところ消費者選択の自由を制約し、貿易障壁の正当化にもなりかねない。最後に、ガイドラインは政策の便益のみを取り上げ、その費用に関しては明記していない。そこで問題なのは、政府の安全規制が生産と流通の費用を押し上げ、商品価格の上昇を促す点にある。政府が企業に課そうとしている責任は、最終的には消費者が引き受ける結果となる。もし安全規制が実施されれば、今までよりは商

品は安全だが価格は高くなり、低所得の消費者に被害を及ぼすからである。このように、ワイデンバウムの論点は、アメリカにおける保守的なコンシューマリズム批判を国際版に敷衍したものといえよう。

　次に問題としているのは、国連の役割についてである。ワイデンバウムは、国連の役割を安全保障に限定し、経済社会分野への役割拡大を資源の不適正配分として批判している。国連の資源は、経済規制に回すべきでなく、平和維持活動に当てるべきだというのが彼の主張である。ガイドラインは、国家間の経済協力を強化するうえでほとんど効果がなく、逆に平和が緊急の課題となっている途上国で経済的な被害を及ぼしかねないからである。さらに、ガイドラインの項目はすべて国内事項に関することなので、国連は消費者保護といえども主権国家に介入すべきでないという批判を加えている。

　このような保守的な批判に対して、消費者運動の側からピーターソンが再批判を展開している[61]。ピーターソンは、ジョンソン、カーター両大統領の消費者問題特別補佐官を務め、ガイドライン採択を推進した中心人物である。

　ピーターソンの意見は、効果的な政府規制がないと、競争者たちの最悪の商慣行が市場の規範となることを前提としている。彼女によれば、市場にはそのような可能性が常に存在するがゆえに、政府の介入は正当化される。ガイドラインは、国家を拘束するものでなく、消費者保護の指針にすぎないからである。国連の役割論に関しては、国際組織の歴史が国際協力を重視してきた観点からワイデンバウムに反証している。国連は、労働者福利の増進、食物生産の拡大、そして環境や健康等の面でその任務を果たしてきており、消費者問題も同様だという考えがその背景にある。国家の主権侵害に関しても、ガイドラインは国家を拘束するものでなく、消費者保護政策の指針にすぎないと反論している。

　要するに、ワイデンバウムとピーターソンの対立軸は、第1に消費者問題の解決に当たって政府の介入を必要とするのか否か、第2に国連の役割は安全保障のみか否かによって識別される。前者に関しては、かつてのアメリカのコンシューマリズムをめぐる対立軸であり、後者は南北問題と絡んだ国際社会の対立軸である。

　しかし、消費者問題に政府が介入すべきかどうか、あるいは消費者問題を国

際組織の課題とすべきかどうかは、ワイデンバウムとピーターソンの論争によって判断はできない。それは、両者の見解がガイドラインの効果に関する理論的な検証だからである。ガイドラインの波及効果に関しては、国連事務総長の報告[62]があるが、政治学的に検証された評価研究は今後の課題といえる。

おわりに

　これまで論じてきたように、消費者問題に関する政治学的な議論は多岐にわたっている。消費者運動のインパクト、政策評価、比較の視点、そして国際関係の分野にわたり、それぞれにいくつかの論点があった。そのいずれもが、アメリカの実情と議論を反映している。論点の中心は、消費者問題を解消する際に政府の介入を受容するか否かにある。アメリカはもとより、他の先進国や途上国、さらには国連においても政府介入の是非が議論の焦点となっている。しかし、現状はアメリカを除いたほとんどの国が積極的な政府介入を必要としている。

　残された研究課題も多い。消費者問題の研究は、国際的な自由化、規制緩和の動向のなかでますます重要となっている[63]。二重基準の解消は、国連よりもむしろ自由貿易を推進してきたガット体制の下で進みつつある。世界貿易機関（World Trade Organization、ＷＴＯ）などの国際レジームが市場のボーダーレス化を推し進め、国際基準の統一を目指しているからである。その動きは、一方で多様な基準の整合化を図るが、他方で整合化による国家間の衝突を引き起こしている。自由化による国際基準の統一に力点をおくのか、それとも現状の国家間の多様性を尊重するのか、議論の分かれるところである。

　今後とも、こうした国際的な動向を考慮して消費者問題を議論していく必要があろう。

注

(1) Robert N. Mayer, *The Consumer Movement: Guardians of the Marketplace* (Boston: Twayne Publishers, 1989), p.86.[以下 Mayer, *The Consumer* と略記]
(2) OECD The Committee on Consumer Policy, *Consumer Policy during the Past Ten Years*, 1983; OECD, *International Trade and the Consumer*, 1986.
(3) Stephen Brobeck, *The Modern Consumer Movement: References and Resources* (Boston: G.K.Hall & Co., 1990).
(4) デビッド・A・アーカー、ジョージ・S・デー編、谷原修身・今尾雅博・中村勝久 共訳『コンシューマリズム』千倉書房、1984年。Robert O. Herrmann, "Consumerism: Its Goals, Organizations and Future", *Journal of Marketing*, Vol.34, October 1970, pp.55-60; Ira Kaufman and Derek Channon, "International Consumerism: A Threat or Opportunity ?", *Industrial Marketing Management,* Vol.3, October 1973, pp.1-12.
(5) *Public Papers of the Presidents of the United States*, John F Kennedy, Special Message to the Congress on Protecting the Consumer Interest. March 15, 1962 (United States Government Printing Office, 1963), p.235.
(6) Brobeck, *op.cit.*
(7) *Ibid.;* Mayer, *The Consumer*, pp.10-33.
(8) Herrmann, *op.cit.*, pp.55-60.
(9) Mayer, *The Consumer*, pp.59-85.
(10) ガールコットとは、ボイコットに対して政治的理由のためにある製品を積極的に購入することを意味している。
(11) Mayer, *The Consumer*, p.79.
(12) *Ibid.*, pp.86-102.
(13) Mark V. Nadel, *The Politics of Consumer Protection* (Indianapolis: Bobbs-Merrill, 1971), pp.244-247.
(14) A.L.フリッチュラー著、二宮陸雄・今福素子訳『タバコの政治学』勁草書房、1995年。
(15) Nadel, *op.cit.*, pp.155-218.
(16) Robert N. Mayer, "When Business Oppose Businesses in Support of Consumerist Goals", *Journal of Consumer Policy*, Vol.11, December 1988, pp.375-394.
(17) Brobeck, *op.cit.*, p.99.
(18) *Ibid.*
(19) Mary Bannett Peterson, *The Regulated Consumer* (Los Angels: Nash Publishing, 1971).
(20) Mayer, *The Consumer*, p.8.

(21) *Ibid.*
(22) Lucy Black Creighton, *Pretenders to the Throne* (Lexington, Mass.: D.C.Heath, 1976).
(23) Robert D. Holthworth, *Public Interest Liberalism and the Crisis of Affluence* (Boston, Mass.: G.K.Hall & Co., 1980).
(24) Michael P. Hornsby-Smith, "The Structural Weakness of the Consumer Movement", *Journal of Consumer Studies and Home Economics*, Vol.9, September 1986, pp.291-306.
(25) Brobeck, *op.cit.*, pp.13-14.
(26) Rachel Dardis, Susan Arronson and Ying-Nan Lin, "Cost Bnefit Analysis of Flammability Standards", *American Journal of Agricultural Economics*, Vol. 60, November 1978, pp.695-700.
(27) Nadel, *op.cit.*, pp.219-232.
(28) Mayer, *The Consumer,* pp.103-133.
(29) *Ibid.*
(30) Kenneth J. Meier, "The Political Economy of Consumer Protection: An Examination of State Legislation", *Western Political Quarterly,* Vol.40, June 1987, pp.343-360.
(31) Sam Peltzman, "An Evaluation of Consumer Protection Legislation: The 1962 Drug Amendments", *Journal of Political Economy*, Vol.81, September-October 1973, pp.1049-1091.
(32) Thomas McGuire, "An Evaluation of Consumer Protection Legislation: The Amendments: A Comment", *Journal of Political Economy*, Vol.83, September-October 1975, pp.655-661.
(33) Mayer, *The Consumer, op.cit.*, pp.103-133.
(34) Sam Peltzman, "The Effects of Automobile Safety Regulation", *Journal of Political Economy*, Vol.83, August 1975, pp.677-725.
(35) Leon S. Robertson, "A Critical Analysis of Peltzman's 'The Effects of Automobile Safety Regulation' ", *Journal of Economic Issues*, Vol.11, September 1977, pp.587-600.
(36) Cathleen D. Zick, Robert N. Mayer and Laverne Alves Snow, "Does the U.S. Consumer Product Safety Commission Make a Differece? An Assessement of Its First Decade", *Journal of Consumer Policy*, Vol.9, March 1986, pp.25-40.
(37) W. Kip Viscusi, "The Lulling Effect: The Impact of Child-Resistant Packing on Aspirin and Analgesic Ingestions", *American Economic Review*, Vol.74, May 1984, pp.324-327; W. Kip Viscusi, "Consumer Behavior and the Safety Effects of Product Safety Regulation", *Journal of Law & Economics*, Vol.28, October 1985, pp.527-553.
(38) Mayer, *The Consumer,* pp.134-154.
(39) *Ibid.*
(40) フリッチュラー、前掲書。
(41) Mayer, *The Consumer,* pp.134-154.

（42）*Ibid.*

（43）Kjersti Graver, "A Study of the Consumer Ombudsman Institution in Norway with Some References to the Other Nordic Countries", *Journal of Consumer Policy*, Vol.9, March 1986, pp.1-24.

（44）Victor A. Pestoff, "Exit, Voice, and Collective Action in Swedish Consumer Policy", *Journal of Consumer Policy*, Vol.11, March 1988, pp.1-27.

（45）Albert O. Hirschman, *Exit, Voice, and Layalty* (Cambridge, Mass.: Harvard University Press, 1970).

（46）マンサー・オルソン著、依田博・森脇俊雅訳『集合行為論』ミネルヴァ書房、1983年。

（47）Lawrence E. Rose, "The Role of Interest Groups in Collective Interest Policy-Making: Consumer Protection in Norway and the United States", *European Journal of Political Research*, Vol.9, March 1981, pp.17-45.

（48）Richard Flickinger, "The Comparative Politics of Agenda Setting: The Emergence of Consumer Protection as a Public Policy Issue in Britain and the United States", *Policy Studies Review*, Vol.2, No.3, February 1983, pp.429-444.

（49）Andrien Sapiro and Jacques Lendrevie, "On the Consumer Front in France, Japan, Sweden, U.K., and the U.S.A.", *European Business,* Summer 1973, pp.43-52.

（50）Hans B. Thorelli, "Consumer Policy for the Third World", *Journal of Consumer Policy*, Vol.5, March 1981, pp.197-211.

（51）Mayer, *The Consumer,* p.149.

（52）Robert R. Kerton, *Double Standards: Consumer and Worker Protection in an Unequal World* (Otawa: The North-South Institute, 1990).

（53）Ralph M. Gaedeke and Udo Udo-Aka, "Toward the Internationalization of Consumerism", *California Management Review*, Vol.17, Fall 1974, pp.86-92.

（54）フリッチュラー、前掲書。

（55）Gaedeke and Udo-Aka, *op.cit.*, pp.86-92.

（56）Mayer, The Consumer, *op.cit.*, pp.134-154.

（57）ネッスル側の反論として以下の論文がある。Henry G. Ciocca, "The Infant Formula Controversy: A Nestl View", *Journal of Contemporary Business*, Vol.7, No.4, 1978, pp.37-56.

（58）Jeffery James and Frances Stewart, "New Products: A Discussion of the Welfare Effects of the Introduction of New Products in Developing Countries", *Oxford Economics Papers*, Vol.33, March 1981, pp.81-107.

（59）International Organization of Consumers Unionsは、現在名称をConsumers Internationalに変更している。

（60）Murray Weidenbaum, "The Case Against the UN Guidelines for Consumer Protection",

Journal of Consumer Policy, Vol.10, December 1987, pp.425-432.

(61) Esther Peterson, "The Case Against 'The Case Against the UN Guidelines for Consumer Protection' ", *Journal of Consumer Policy*, Vol.10, December 1987, pp.433-439 ; David Harland, "The United Nations Guidelines for Consumer Protection", *Journal of Consumer Policy*, Vol.10, September 1987, pp.245-266.

(62) Report of the Secretary-General of the United Nations, "Consumer Protection", *Journal of Consumer Policy*, Vol.16, No.1, 1993, pp.95-121.

(63) 1995年4月に日本で加工食品の製造年月日表示が期間表示に切り替わった。その要因として、アメリカからの圧力があげられている。福場博保「加工食品の日付け問題」『日本調理科学会誌』Vol.28、No.2、1995年、107-113頁。

第8章　国際消費者問題の政治過程
──国連消費者保護ガイドラインの形成とアメリカ──

はじめに

　国連消費者保護ガイドラインは、包括的な消費者保護のために世界で初めて作成された国際的な規範である。ガイドラインは、その言葉が示すように、各国政府が強制的にではなく、自発的に採用し、自国の消費者保護政策のための指針として利用される性質のものである。それは、国際法上各国を拘束するものではないが、道義的な拘束力を有している。

　ガイドラインは、世界の消費者を保護の対象にしているが、その力点は途上国の消費者保護におかれていた。それが、この消費者保護の一大特色でもあった。それゆえ、1985年に国連総会で採択されて以降、ガイドラインは、今日に至るまで特に途上国政府の消費者保護政策のモデルとして活用されている[1]。その規範としての世界的な影響力は大きい。

　多くの国際規範は、国内規範として始まり、多様な主体の努力によって国際的となり、特に、国際規範が形成される初期の過程では、国内的な影響力が最も強いといわれている[2]。本事例で取り上げる国連消費者保護ガイドラインは、その形成過程で、アメリカ国内からの影響を強く受けた。

　ガイドラインの形成過程に強い影響を及ぼしたのは、アメリカ政府とアメリカ消費者運動であった。前者は、ガイドラインの強硬な反対国として、後者はその推進派の中心勢力として、それぞれ影響力を行使した。ガイドラインは、途上国政府の消費者保護を考慮した色彩がかなり強いが、その出自はアメリカの消費者保護の歴史にある。各国の国際的な消費者保護をめぐる対応は、アメリカの消費者保護をめぐる対応の図式を反映していた。つまり、消費者保護の

ためには政府の介入が必要か、それとも市場のメカニズムに任せておけばよいのかという図式である。

　ガイドラインの形成過程では、消費者保護のあり方をめぐって、基本的には、先進国と途上国との間に対立があった。先進国は、国際的な消費者保護ルールの確立によって、自国の産業に規制がかかることを危惧していたが、途上国は、市場経済のグローバル化によって発生する消費者問題の処方箋を必要としていた。

　本章で明らかにしたい点は、第1にガイドラインがなぜ途上国の消費者保護を前提にして形成されたのか、第2に途上国の消費者保護を前提にしたガイドラインがなぜ実現できたのか、第3になぜアメリカ政府は道義的な拘束力しか持たないガイドラインに強硬に反対し、最終的にそれに合意したのかである。以下、国連消費者保護ガイドラインの形成過程を検証しながら、それらの問いに答えていきたい。

Ⅰ．国際消費者問題の発生とその対応

1．消費者問題と消費者保護

　消費者問題とは、通常、商品・サービスの購入・使用過程で消費者が不利益を被る問題である。購入過程では、商品・サービスの表示、価格、契約などの問題があり、使用過程では、商品の品質や安全性、消費者の健康に関わる問題がある。さらに、両過程から派生してくる苦情処理も消費者問題のなかに入れることができる。このような消費者問題は、市場経済が始まった頃から存在するものであり、基本的には売り手と買い手の間の問題である[3]。どの国でも消費者問題の歴史の中で大きな争点になってきたのは、直接消費者の生命や健康に影響を及ぼす商品の品質や安全性に関わる問題であった。それは、ケネディ大統領が宣言した「消費者の4つの権利」（安全を求める権利、知らされる権利、選ぶ権利、意見が聞き届けられる権利）のなかに如実に示されている。そのなかで最初にきている項目は、「安全を求める権利」であった。

　消費者問題の解決をめぐっては、基本的に2つの立場がある。1つは、消費者

保護のために政府が積極的に市場に介入するべきだという立場であり、もう1つは、市場における競争と消費者の選択を通じて経済的な合理性を追求するべきだという立場である。前者は、「政府の役割」に期待し、後者は「市場のメカニズム」に期待を寄せている。しかし、消費者保護の今日的な理解では、「政府の失敗」や「市場の失敗」という言葉で、両者に一長一短があることは歴史的にも理論的にも明らかになってきている[4]。

　政府の介入に批判的な立場を取る側でも、すべての消費者保護の規制を否定しているわけではない。完全な市場を確保するために、政府による処置が取られているのが現実である。競争制限行為の規制、情報の非対称性の是正、さらに危険な製品や悪質な販売方法の排除（社会的規制）などが、市場メカニズムによって自動的に解決されてきたとはいえない。理論的に、市場メカニズムによる解決が効率的な資源配分を妨げないことが確かだとしても、現実の消費者保護の歴史は、政府による介入を必要としてきた。

　もちろん、政府による規制に問題がないわけではない。価格規制や許認可規制などにみられる経済的規制は、逆に消費者の利益を損なうこともある。規制にかかる費用の増大は、消費者の負担を逆に増やすことにもなりかねないからである。

2．市場経済のグローバル化と国際消費者問題

　今日の消費者問題を複雑にしているのは、市場経済のグローバル化である。一方で、世界の消費者は、国境を越えて自由に移動しているグローバルな商品やサービスを享受し、その恩恵を受けているが、他方では消費者問題が国境を越えて発生している。

　市場経済のグローバル化によって消費者問題が国際化してきた原因には、大きくいって2つある。第1の原因は、「情報の非対称性」である。その典型的な事例は、先進国の商品やサービスが途上国で消費される場合である。たとえば、途上国の消費者が先進国から入ってきた商品やサービスについて完全な情報を提供されない場合、あるいは提供されたとしてもそうした情報を理解・判断できない場合、消費者問題が発生しやすい。前者の問題を解決するためには、供

給者に対して情報の開示・公開を義務づけることであり、後者の問題の解決には、公的な機関による情報提供が必要である。しかし、途上国の場合、1985年に国連消費者保護ガイドラインが採択されるまで、こうした消費者保護政策の実施は、困難であった。

　第2の原因は、消費者保護の「二重基準」である。主権国家体制のもとでは、自国の消費者保護基準を輸出品に関して適用する必要がない。たとえ、自国での販売が禁止または制限された製品（有害製品）でも、受け入れ先があれば輸出される。この場合には、2つの問題が発生する。1つは、有害製品を他国に輸出してもよいのかという問題である。これに関しては、輸出国が勝手にそうした製品の輸出を禁止または制限した場合、輸入国から主権侵害であるという批判がなされる場合がある。たとえある国で有害製品であったとしても、それを必要としている国もあるからである。主権国家体制のもとで、このような一方的な措置は取りにくい。もう1つの問題は、有害製品の輸出に際して、明確な情報を相手国に通知するシステムを確立すべきかどうかである。この問題は、先の情報の非対称性問題とも関連してくる。消費者保護の二重基準で大きな被害を受けるのは、消費者保護が整備されていない国の消費者であり、特に途上国の消費者であった。

　国際消費者問題は、市場経済のグローバル化が主権国家体制のもとで進行すれば、構造的に発生する特性を持っている。それは、一国内で自己完結的に発生する社会問題ではない。消費者問題が国際的に発生する以上、その解決方法も国際的にならざるをえないといえる。

3．国際的な消費者保護をめぐる対応：政府の介入か市場メカニズムか

　国際的な消費者保護をめぐる各国の対応は、国内的な対応と同様である。基本的な対応は、消費者保護のために政府の役割に力点をおくか、それとも市場による解決に力点をおくかによって変わってくる。

　さらに、各国政府が規制に力点をおくか、市場メカニズムに力点をおくかは、それぞれの国内事情によって規定される。それには、2つの要因がある。1つは、輸出競争力が強いか弱いかである。輸出競争力の強い国は、国際的な消費者保

護ルールが自国の企業の競争力を弱め、ひいては国力を低下させることを強く懸念している。逆に、弱い国は、国際的な消費者保護ルールに同調的である。もう1つの要因は、国内の消費者保護の規制が強いか弱いかである。国内の規制の強い国もまた、国際的な消費者保護ルールに同調的な態度を示す。

　国連消費者保護ガイドラインを最も強く批判したアメリカ政府は、輸出競争力が強い国であり、かつ国内の消費者保護は市場メカニズムに期待するところが強い。それゆえに、国際的な対応でも、市場メカニズムによる解決を指向していた。同じ先進国でも、ヨーロッパ諸国は、輸出競争力はあるが、国内の消費者保護の規制は伝統的に強い。それゆえ、ガイドラインの形成過程途中でガイドラインに同調していく。途上国の多くは、輸出競争力は弱く、国内の消費者保護の規制は強い方向を示しつつあった。ただ、途上国でも輸出競争力をつけつつあった国は、当初ガイドラインには批判的であった。

　1980年代当時の社会主義諸国の態度は、こうした図式では説明できない。旧ソ連は、社会主義諸国には国際的な消費者問題が存在せず、国有企業を企業の範疇に入れるべきではないと考えていた。

　1980年代前半は、国際的な消費者保護の規範が形成され始めた時期であった。冒頭で述べたように、国際規範の形成期は国内的な影響力が強く働く。本事例の国連消費者保護ガイドラインは、アメリカの国内的な影響力を強く受けている。以下では、1980年代前半におけるアメリカの国際消費者保護に対する国内の対応と国際的な対応についてふれておきたい。

Ⅱ．国際的な消費者保護とアメリカ政府の対応

1．アメリカ政府の行政命令　　カーター大統領とレーガン大統領

　アメリカ政府は、カーター政権時代、輸出振興と有害製品の輸出の調整に苦慮し、包括的な輸出政策を模索していた。その背景には、アメリカ国内で販売が禁止または制限された有害製品が外国に流出していく二重基準の構造があった。カーター政権の取り組みは、これを輸出国側で解決しようとしたものであった。

カーター大統領は、政権交代直前の1981年1月15日に有害製品の輸出規制に関する行政命令を出している。この行政命令は、有害製品の輸出そのものを禁止するものではなかったが、有害製品の輸出に際しては、その旨輸入国に通知することを定め、その制度を強化しようとしたものであった。それは、有害製品の定義から始まり、輸入国への通知手続き、輸出管理手続き、有害製品の年鑑リストの作成、有害製品規制のための国際的取り組みへの参加などの項目から構成されていた[5]。有害製品の定義では、食品、薬品、殺虫剤、化学製品などの特定品目別で有害の規定がなされている。製品の規定が一般的なものでなく、特定製品にまで及んだことは、この行政命令の効力が強いことを物語っている。それゆえに、産業界からの反発は、非常に強かった[6]。

　この行政命令をカーター大統領に強く進言したのが、エスター・ピーターソン（Esther Peterson）消費者問題大統領特別補佐官であった。ピーターソンは、アメリカでは「コンシューマリズムの母」とも呼ばれ、アメリカの消費者保護運動の歴史のなかで常に先頭に立ってきた人物である。ケネディ政権下では、労働省の副長官の要職を務め、ジョンソン政権下でも消費者問題大統領特別補佐官を経験している。彼女は、アメリカの消費者活動家や消費者団体と同じく、有害製品の輸出を規制する立場に立っていた。

　しかし、カーター大統領の行政命令は、1981年2月17日にレーガン大統領のたった5行の行政命令[7]で破棄されている。その存続日数は、わずか34日であった。この時点から、レーガン政権とピーターソンを先頭とする消費者運動の水面下での攻防が始まる。

2．ガイドライン以前の2つの国際ルール

　1980年代前半は、超大国アメリカがその国力の相対的低下を意識し、再び国力の増強を目指し始めた時期であった。アメリカ政府は、経済面においては企業の輸出力を強化することで国際的な競争力を上昇させ、それによって国力の増強を図ろうとしていた。それゆえに、少しでも産業を規制する可能性のある国際的な消費者保護ルールに関しては、批判的な態度を取り始めた。

　その批判的な態度は、1981年に世界保健機関（WHO）総会で採択された

「母乳代替品販売に関する国際基準」と1982年に国連総会で採択された「健康と環境に有害な製品に対する保護」決議に現れている。アメリカ政府は、両決議に反対票を投じた。しかも、この2つの国際的な消費者保護ルールに反対票を投じたのは、アメリカ政府だけであった。

「母乳代替品販売に関する国際基準」は、母乳の促進、不当表示の規制、無料サンプルの禁止などを定めたものであった。アメリカ政府は、同基準がアメリカ憲法が保障している営利広告の保護を侵害すると判断し、さらに国連機関による情報規制に反対した[8]。

「健康と環境に有害な製品に対する保護」は、二重基準によって主として途上国に流れてくる有害製品から消費者を保護するために、有害製品のリストを国連が作成することを定めたものであった。現在も、国連加盟国は、自国で禁止または制限している製品のリストを国連に持ち寄り、数年ごとに国連がそれらをまとめて有害製品のリストを発行している[9]。アメリカ政府がこれに反対した理由は、第1に有害製品の定義が曖昧であるということ、第2に政府が特許製品の情報公開をしなくてもよいという規定がなかったこと、第3に情報公開のための有害製品のリストに費用がかかりすぎるということであった[10]。

「健康と環境に有害な製品に対する保護」決議は、いわばカーター大統領が出した行政命令の国連版である。この決議に至る過程で、ベネズエラ政府の国連代表は、国連NGOの国際消費者機構（International Organization of Consumers Unions、IOCU）にピーターソンをロビイストとして採用することを求めていた[11]。ピーターソンは、IOCUの国連ロビイストとして、今度は国連の場でアメリカ政府と対峙することとなる。

ところで、この2つの国際ルールには、国際的に消費者保護を進めるうえで2つの制約があった。第1に、アメリカ政府が合意しなかったために、国際規範としての拘束力が非常に弱かったこと、第2に個別的な消費者保護のルールであったために、すべての国際消費者問題に対応する包括性がなかったことがあげられる。国連消費者保護ガイドラインの形成過程は、その2つの制約を克服する過程でもあった。

Ⅲ. 国連消費者保護ガイドラインの原形

1. 国際消費者運動による国連へのインプット

国連が最初に消費者保護の調査に乗り出したのが、1977年のことであった。その着手に影響を与えたのが、国連NGOのIOCUであった。

IOCUは、欧米の消費者団体が中心となり、1960年にオランダ・ハーグで設立された。設立に関しては、資金面でも運営面でも、あらゆる点でアメリカの消費者団体、コンシューマーズ・ユニオン（Consumers Union、CU）の影響を強く受けている。コンシューマーズ・ユニオンの影響力は、IOCUだけでなく、世界の消費者保護に及んでいる。世界の多くの政府や運動団体が採用している、商品テストとその情報発信は、コンシューマーズ・ユニオンに由来しているからである。

IOCUは、1975年の第8回大会で、国際消費者保護に関する3つの決議を行っている。第1に、国連加盟国の消費者保護に関する報告集を準備し、発行すること、第2に同報告書に基づいた消費者保護のモデルコードを国連総会に勧告するために専門家グループを任命すること、第3に国連総会が国連加盟国に同モデルコードの採択を勧告すること、コードの実施を監督するために消費者保護庁を設置すること、定期的に見直しを行い、実施にあたり援助することが、その主たる内容であった[12]。1976年に、IOCUは、この決議文を国連経済社会理事会に提出し[13]、以後の過程では、消費者保護庁の設置以外はほぼ達成されていく。

2. 国連事務総長の報告書と途上国の消費者保護の必要性

国連事務総長は、経済社会理事会の要請を受け、消費者保護ガイドラインの原案の母体となる報告書を2つ提出している。第1の報告書[14]は、1978年に経済社会理事会に提出され、そこで初めて加盟国の消費者保護政策に関する包括的な調査がなされた。同報告書によって、途上国政府における消費者保護政策の不備が明らかとなった。第2の報告書[15]は、1981年に経済社会理事会に提

出されている。同報告書は、途上国の消費者保護に力点をおいたものであった。

第1の報告書の目的は、消費者保護における問題の性質を明らかにすること、加盟国における消費者保護の制度的枠組みや法律、さらに国連諸機関における取り組みを調査することであった。その主たる結論は、加盟国において消費者保護はますます必要になってきているが、その制度化はいまだ発展途上にあるということであった。特に、途上国の消費者保護に関する問題は、その制約されたインフラや諸資源のために深刻であるとされた。なかでも、食品や健康の分野は、家計の支出のなかで圧倒的に多くの割合を占め、消費者保護の整備が強く求められた。国際的な面では、いくつかの先進国の間では消費者保護情報の制度的交流が進んでいるが、国際社会全体では、そうしたシステムが存在していないこと、また食品や薬品の分野などでは国際的な基準ができつつあるが、消費者保護の他の分野を包括する国際基準が存在しないことなどが指摘された。

第2の報告書は、第1の報告書を受けて、特に途上国の消費者保護に焦点を当てていた。その特徴は、消費者保護における政府の役割を重視したこと、途上国で被害にあいやすい特定製品を列挙したことである。

政府の役割の重視は、加盟国の調査結果に基づいていた。消費者のために政府が介入する必要性の認識は、先進国を中心に立法、行政、司法の分野でますます強まっていた。消費者保護のために特定製品を列挙したことは、同報告書が途上国の消費者保護の必要性を重くみていたことの現れである。特定製品として列挙されていたのは、食品、乳幼児の健康と栄養に関わる製品、水、医薬品、その他製造物であった。食品にまず力点がおかれていたのは、途上国で食品の消費支出が、平均的に都市で収入の5割、地方で8割にもなっていたからであった。また、多くの途上国では食品の管理体制が不備であったために、輸入食品からの被害を受けやすい状況にあった。乳幼児の健康と栄養に関わる製品は、乳幼児粉ミルク問題を反映したものであった。

この2つの報告書は、ガイドラインの骨組みを形成することとなった。国連における消費者保護の方向性は、市場メカニズムに消費者保護を任せるというものではなく、政府の役割の重視にあった。特に、途上国における消費者の安全性と健康に関する点で、政府の役割が期待されていた。

全性と健康に関する点で、政府の役割が期待されていた。

3．国連内における消費者保護連合の形成

　国連で消費者保護に関する調査が進行するなかで、消費者保護を政治的に推進する勢力が形成されていた。国連ＮＧＯであるＩＯＣＵ、途上国の77か国グループ、そして国連事務局が歩調を合わせて、消費者保護連合とも呼べる政治勢力を形成した。その先導役を担ったのが、ＩＯＣＵであり、そのロビイストのピーターソンであった。

　ＩＯＣＵと国連事務局の関係が深い事例の１つは、国連でガイドラインの原案を作成した中心人物、ラース・ブロッホ（Lars Broch）が、1983年にＩＯＣＵの本部長として迎えられたところにうかがえる。国連事務局は、事務総長の報告書にみられるように、消費者の安全性と健康に関する政府の介入には同調的であった。また、ＩＯＣＵと77ヶ国グループとのつながりは、前述したように、ベネズエラの政府代表がピーターソンをＩＯＣＵのロビイストとして採用するように要請したときから緊密になった。当時、国連事務局も77ヶ国グループも、消費者保護の知識や技術を十分に持ちあわせていなかったために、ＩＯＣＵに依存するかたちとなった。しかし、国連の政治力学を左右する勢力となっていた77ヶ国グループの存在も、消費者保護を国連で推進する大きな力であったことも事実である。

　このような国連内の消費者保護連合に対する批判は、アメリカ政府から噴出する。当時、アメリカ政府の国連代表であった、ジャン・Ｊ・カークパトリック（Jeane J. Kirkpatrick）は、国連内の消費者保護勢力を「グローバル・パターナリズム」（global paternalism）であると批判していた[16]。彼女は、国連内で、ＮＧＯ、途上国の政府代表、そして健康と安全性の国際的な規制に同調的な国際官僚が「鉄の三角形」を形成して、新しい社会主義を生み出しつつあると指弾した。

　こうしたアメリカ政府の批判は、1983年にガイドラインの原案が完成した段階で、一層強くなる。1985年にガイドラインが国連総会で採択されるまでの過程は、アメリカ政府がガイドラインの修正を求めていく過程であり、同時にア

メリカ政府の孤立化の過程でもあった。

Ⅳ．国連消費者保護ガイドラインの修正とアメリカ政府の妥協

1．ガイドラインの原案

　1982年9月には、加盟国のコメントを得るためにガイドラインの原案が配布された。1983年4月には、先進国と途上国を含めて23ヶ国からの返答があった[17]。多数の国がコメントなしで原案を支持するか、あるいはガイドラインをさらに強化すべきである、特定項目を増やすべきであるというコメントを付して原案を支持していた。しかし、原案に批判的なコメントもあった。それらのコメントは、ガイドライン原案が詳細すぎるとか、消費者保護は内政問題であるとか、あるいは消費者保護は市場メカニズムによる解決が効果的であるという内容であった。

　こうしたコメントを受け、1983年5月に、国連事務総長は、経済社会理事会にガイドラインの原案を提出した[18]。原案は、それまでの消費者保護に関する事務総長の報告書を踏襲したものであった。ガイドライン原案は、目的、一般原則、ガイドラインの3本柱から構成されていた。さらに、3番目のガイドラインは、物理的安全、消費者の経済的利益の保護、商品およびサービスの安全性と品質に関する基準、必需的な商品およびサービスの流通機構、消費者の救済手段、教育および情報提供、特定分野の施策、国際協力から構成されていた。

　この原案は、政府の役割を重視していたこと、一般原則のなかで企業は多国籍企業のみを対象としていたこと、途上国の消費者問題を考慮して、食品、水、医薬品の特定製品に関する項目が盛り込まれたことなどが、主要な特徴であった。また、この段階では、消費者保護に伴う費用と便益の視点は、盛り込まれていなかった。こうしたガイドライン原案の特徴は、アメリカ、EC諸国、社会主義諸国の批判の対象となった。

2．各国の立場

　ガイドラインをめぐる国連加盟国の立場は、南北問題と東西の冷戦構造を反

映していた。ガイドラインをめぐる対立構図は、基本的には先進国と途上国の対立であったが、旧社会主義諸国もガイドラインの形成過程には無関係ではいられなかった。しかし、前述したように、国際的な消費者保護に対する各国の立場は、市場が不完全であるから政府の介入を強化すべきか、あるいは政府の介入が逆に市場を歪めてしまうので、市場のもつ自動メカニズムに期待すべきか、のどちらかに大筋では分かれた。

　1981年の段階で、多くの先進国は、概ね国際的な消費者保護には消極的であった。当時、ＩＯＣＵの国連代表であったドロシー・ウイルナー（Dorothy Willner）は、執行部宛てのメモで、ラース・ブロッホの見解を引き合いに出しながら、先進国政府と途上国政府の立場を明らかにしている[19]。ブロッホは、国連でガイドライン原案の作成に携わり、その後ＩＯＣＵの本部長として務めたが、それ以前は、ノルウェー政府の官僚で、ＯＥＣＤの消費者政策委員会で議長を数年経験していた。ウイルナーは、ブロッホの意見をもとに、ＯＥＣＤの国々は、国連の消費者保護ガイドラインのための取り組みの準備ができていないことを報告している。特に、アメリカ、イギリス、ベルギー、スカンジナビア諸国がそれにあてはまっていた。途上国に関しては、アフリカ、アジア、そしてほとんどのラテンアメリカ諸国が、消費者保護を求めていた。しかし、ラテンアメリカ諸国のうち、ブラジル、アルゼンチンといった新興の輸出国は、態度を留保している状態であった。

　1984年の段階では、ガイドラインが規制の弱いものへと修正されていくなかで、77ヶ国グループとヨーロッパ先進諸国間の見解の相違は、ほとんどなくなっていた。ブロッホは、イギリスの消費者団体の代表に宛てた手紙のなかで、1984年の7月にジュネーブで開催された経済社会理事会に出席した感想をそのように述べている[20]。そのなかで、明らかにされているのは、ガイドラインに唯一強く反対しているアメリカの立場であった。

　前述したように、国際的な消費者保護への態度を決定する要因は、第1に、輸出競争力の強弱であり、第2に国内における消費者保護の規制の強弱であった。アメリカの態度から分かるように、輸出競争力の強い国は、国際的な消費者保護が自国の産業を規制し、結果的にそれが国力を弱めると判断する。それ

ゆえに、国際的な輸出競争力が強くかつ国内の消費者保護の規制が弱ければ、国際的な消費者保護の方法は、市場メカニズムに期待するようになり、その逆は、規制を強める方向に傾く。ヨーロッパの先進諸国が、この段階でガイドラインに合意する態度を取ったのは、アメリカよりも消費者保護のための国内の規制が伝統的に強かったからといえる。途上国の場合は、輸出競争力が弱くかつ国内の消費者保護規制を強化しつつあったので、国際的な消費者保護の方法は、規制の強化につながったのである。

　さて、こうした事情があてはまらなかったのが、旧ソ連を中心とする旧社会主義諸国であった。旧社会主義諸国も最終的にはガイドラインに合意したが、その態度は、3つの点で独特であった[21]。第1に、消費者問題は内政問題であり、国内で解決されるべきであると考えていた。第2に、国際消費者問題があるとしても、それは途上国の問題であり、国連の活動は途上国の消費者保護を推進するときにのみ正当化される。第3に、国有企業は企業の範疇に入れるべきではなく、また多国籍企業の規制をガイドラインで明確にすべきだと考えていた。しかし、これらは、ガイドラインの合意のなかには反映されなかった。

3．ガイドラインをめぐるアメリカ国内の議論

　ガイドラインの決定過程や影響力を、最も真剣に受け止めていたのは、アメリカであった。それは、1984年の6月と8月に連邦議会下院で、ガイドラインに関する公聴会が開かれているところに示されている。公聴会の目的は、ガイドラインがアメリカの諸利益や世界の消費者の諸利益にどのような影響を及ぼすのかについて検討することにあった。公聴会が招集したのは、ガイドライン推進派の消費者活動家・消費者団体、反対派の企業、そして政府の代表であった。消費者活動家・消費者団体からは、ピーターソンとIOCUの副会長兼CUの専務理事、企業からは全米国際企業協議会（The U.S. Council for International Business）と全米食品製造業会（The Grocery Manufactures of America）の両代表者、アメリカ政府からは国連経済社会理事会の政府代表と連邦政府消費者問題局の局長代理がそれぞれ出席していた。

　ピーターソンの意見は、ガイドラインが途上国政府の消費者保護にとって重

要であり、ガイドラインの多くは、すでにアメリカで制度化されてきたというものであった[22]。彼女は、ジョージタウン大学の法律作業グループと共同で、アメリカの消費者保護法とガイドラインの同一性を調査し、その資料を公聴会に提出している[23]。また、ピーターソンは、ガイドラインがアメリカ企業の競争力に影響を与えないことを明らかにしようとした。ピーターソンと議員とのやり取りで興味深いのは、ガイドラインは私企業と国有企業を平等に考えているのかどうかという、議員からの質問であった。彼女は、これに対して、私企業も国有企業もすべての企業を含むべきと答えている。このやりとりは、アメリカ議会がガイドラインの決定過程に社会主義的な影響力が及ぶことを懸念していたことをうかがわせる。

　企業側の意見は、ガイドラインが政府の役割を強調しすぎている点、消費者保護に必要な費用の問題を適切に表現していない点、さらに貿易・競争・消費者の選択を制限している点などをあげ、ガイドラインの欠陥を批判した[24]。また、ガイドラインが食品、薬品などの特定の製品を規制対象にしている点をあげ、製品一般に記述を改めるべきだとした。

　公聴会では、アメリカ政府のガイドラインに対する態度および国連における決定過程が明らかにされた。国連経済社会理事会の政府代表からは、いくつかの国際政治上の問題が出された[25]。まず第1に、国連が消費者保護に取り組むことへの疑問を投げかけている[26]。アメリカ政府は、規制強化や費用などの理由から国連の関与には批判的であった。第2に、非同盟諸国運動や77ヶ国グループの国連内における無責任な決定参加の問題があげられた。国連内においては、そのようなグループのいくつかの国が音頭を取れば、他の圧倒的多数の国々は事の子細を知らなくても、決定に参加し同意する傾向があることを批判した。第3に、アメリカの修正案がガイドラインの形成過程に反映されていない不満があげられた。国連経済社会理事会の政府代表とのやり取りで興味深いのは、国連内では消費者保護ガイドラインをめぐって、アメリカとECが必ずしも歩調を合わせていなかったことである。同政府代表は、質問者の議員から、ガイドラインをめぐる対応でヨーロッパ諸国と利益が一致しているかどうかを尋ねられているが、その答えは否定的であった。

連邦政府消費者問題局局長代理の意見もまた、アメリカ政府がガイドラインになぜ批判的であったのかを国内政治の側から明らかにしてくれる[27]。その理由は、およそ3つに要約できる。第1の理由は、ガイドラインの文書が政府の役割を重視しているために、中央集権主義的、あるいは社会主義的な方向に傾いている点にあった。第2に、同文書が、水、食品、薬品の特定製品だけを取り扱い、その他の製品を取り扱っていなかったこと、第3に、それに付随して、ガイドラインの交渉過程に水、食品、薬品の専門家がいなかったことへの疑問が投げかけられた。

公聴会は、ガイドラインの問題を哲学の問題、また「コンシューマリズム」対「企業」の問題として位置づけていた。公聴会に出席した民主党議員は、ピーターソンの行動を高く評価し、ガイドラインの必要性を支持していた。それは、アメリカの消費者保護政策が過去の民主党政権下で飛躍的に進んだことの反映でもあった。

4．アメリカ政府が合意した理由

1984年11月の国連総会第39会期を前に、国連消費者保護ガイドラインは、合意される見通しが強くなってきた。先の8月に行われたアメリカの公聴会でも、国連経済社会理事会の政府代表は、11月の会議で真剣な交渉努力があれば、事態が前進すると述べていた[28]。アメリカを除けば、西側諸国と77カ国グループの差異は、小さくなっていた[29]。IOCUもまた、この会期が最終段階だと考えていた[30]。

ガイドラインに関する議論が大きく前進した理由は、パキスタンおよびスウェーデンの国連代表がアメリカ政府の合意を取り付けるために、新たな妥協案を提示したからであった。その妥協案によって、アメリカや西側諸国の修正がある程度盛り込まれる形となった。最初の原案からみた主要な変更点は、消費者保護で市場メカニズムの役割をも考慮したこと、企業は国有企業も私企業もすべての企業を含め、多国籍企業の記述がなくなったこと、さらに特定製品の項目が縮小化したことである。

12月初旬になっても、アメリカ政府にはガイドラインの内容にまだいくつか

の懸念があった⁽³¹⁾。第1の大きな懸念は、殺虫剤に関する記述にあった。アメリカ政府は、殺虫剤は通常体内に摂取されないので、消費財に当たらないと考えていた。ガイドラインの文書は、殺虫剤の項目を含むべきではないという立場であった。第2の懸念は、医薬品の記述が一般的でないこと、第3は消費者情報の提供者として企業が入っていなかったことであった。

転機は、12月中旬に訪れた。アメリカ政府は、最終的にガイドラインに合意することを示した⁽³²⁾。アメリカ政府は、多くの点で満足を表明していた。医薬品の記述は一般的になり、消費者情報の提供者として企業も新たに加えられた。

しかし、アメリカ政府は、殺虫剤の記述を削除することができなかった。殺虫剤の項目が、食品や水、医薬品に次ぐ第4の特定製品の項目として位置づけられはしなかったが、殺虫剤は化学製品と同じく各国政府の施策の対象となった。このアメリカ政府の立場に影響を与えたのが、12月3日に発生したインドのアメリカ系化学薬品工場のガス漏れ事故であった。この事故で2千人以上の人が亡くなっている。途上国政府の態度は、この事故で硬化した。アメリカ連邦政府の消費者問題局局長代理は、12月に入ってのガイドラインの大詰めの交渉は、この事故によって大きく影響を受けた、と述べている⁽³³⁾。

アメリカ政府が、ガイドラインに最終的に合意した理由は、1つはガイドラインがアメリカ政府の意向に沿う形で修正されてきたからであるが、もう1つの理由は、インドのガス漏れ事故で途上国の態度が硬化したことにあった。それゆえに、アメリカ政府は、1985年4月の国連総会で留保付きで合意しなければならなかった。アメリカ政府の留保は、特定製品の記述、政府の介入、国連の消費者保護への関与などにおかれていた⁽³⁴⁾。

他方、ガイドライン推進派の代表国である、パキスタン国連代表も最終的なガイドラインには満足していた。同代表は、ガイドラインの目的は、国連の官僚システムを強化したり、規制官庁を作り出すことではなく、先進国の消費者保護の経験を途上国に与えることだと述べている⁽³⁵⁾。また、同代表は、ガイドラインが、アメリカの留保にかかわらず、途上国の消費者保護にとってモデルとしての実用的な価値を有していると指摘した。

いずれにせよ、アメリカ政府の妥協による合意は、結果的に、ガイドライン

の規範としての効果を高めたといえる。

　おわりに

　1985年4月に国連消費者保護ガイドラインは国連総会で採択された。採択以後、ガイドラインは、途上国を中心に、各国政府の消費者保護政策のモデルとして利用されてきている。これまで、国連が主催してきた消費者保護のセミナーは、途上国政府の消費者保護政策立案に効果を上げてきた[36]。
　ガイドラインは、政治的な妥協の産物として誕生した。ガイドラインをめぐる政治過程では、まず最初に国際消費者運動が国連に国際的な消費者保護ルールの取り組みを要求し始めた。それは、「情報の非対称性」や「二重基準」から発生してくる国際的な消費者問題の解決を求めるものであった。国際消費者運動の中心的な担い手は、アメリカ消費者運動であった。国連の決定過程では、77ヶ国グループ・国連事務局・IOCUのガイドライン推進派が原案を作成した。その原案は、国際的な消費者保護に政府の介入を必要としていた。それに対して欧米諸国、旧社会主義諸国からの批判が噴出した。最終的に、ガイドラインは、アメリカ政府の強い抵抗にあうなかで、市場メカニズムの利点を取り入れたが、消費者保護に政府が積極的に介入するという骨子に変更はなかった。
　ガイドラインが、途上国の消費者保護に力点をおいていたのは、国際消費者問題で最も深刻な被害を被るのが途上国の消費者だったからである。先進国の企業と途上国の消費者の間に存在する情報の非対称性の問題、あるいは主権国家体制における、特に先進国と途上国の間に存在する二重基準の問題は、一国だけの努力では解決できない国際社会の構造的な問題であった。ガイドラインは、このような問題を政府の介入によって解決しようと試みたものであった。
　ガイドラインが国連で誕生する過程は、国際消費者運動、77ヶ国グループ、国連事務局の政治勢力が形成される過程であった。そうした政治勢力によって、ガイドラインは実現したといってもよい。国際消費者運動のロビイストの存在、77ヶ国グループの国連における影響力、国連事務局の消費者保護に対する同調的な態度は、ガイドライン実現の主要な決定要因となった。

しかし、ガイドラインの形成過程は、主としてアメリカ政府による修正の過程でもあった。ガイドラインによる主権制限をどの国よりも、深刻に受け止めていたのが、アメリカ政府であった。ガイドラインに強力な法的拘束力がないにもかかわらず、アメリカ政府は、自国の産業に及ぼすであろうガイドラインの規制力に非常に敏感であった。それは、ガイドラインだけでなく、「母乳代替品販売に関する国際基準」や「健康と環境に有害な製品に対する保護」決議に対するアメリカ政府の反対理由からもうかがえることであった。

　国際的な消費者問題は、国際社会の克服課題である。しかし、国際的な消費者保護に一致した方法があるわけではない。各国の態度は、政府の介入に力点をおくか、市場の役割に力点をおくかによってかわってくる。ガイドラインでは政府の介入に力点がおかれたが、そうした国際的な消費者保護の取り組みは、同時に国家の主権制限へとつながる。アメリカ政府がガイドラインに強く反対した理由は、そこにあった。こうした事実は、国際的な消費者保護の取り組みという新しい国際社会の現実が、近代国家体系の理念とうまくかみあわなくなっていることを示している[37]。今後、市場経済のグローバル化がさらに進展すれば、国際消費者問題の克服はさらに重要な政治課題となるであろう。

注

(1) Background paper for the United Nations Inter-Regional Expert Group Meeting on Consumer Protection and Sustainable Consumption: New Guidelines for Global Consumer, Sao Paulo, Brazil, 28-30 January, 1998; 長尾治助・中坊公平編『消費者法の国際化』日本評論社、1996年；長尾治助他編『消費者法の比較法的研究』有斐閣、1997年。
(2) Martha Finnemore and Kathryn Sikkink, "International Norm Dynamics and Political Change", *International Organization*, Vol.52, No.4, 1998, pp.887-917.
(3) モリー・ハリソン著、工藤政司訳『買い物の社会史』法政大学出版局、1990年。
(4) 伊藤隆俊『消費者重視の経済学』日本経済新聞社、1992年；岩波講座 現代の法13『消費生活と法』岩波書店、1997年。
(5) United States Code, Executive Order 12264 of January 15, 1981.
(6) Esther Peterson, *Restless: The Memoirs of Labor and Consumer Activist Esther Peterson* (Washington, D.C.: Caring Publishing, 1995), p.169.
(7) United States Code, Executive Order 12290 of February 17, 1981.
(8) Elliott Abrams, "Infant Formula Code: Why the U.S. May Stand Alone", *The Washington Post*, May 21, 1981, A-27.
(9) United Nations, *Consolidated List of Products Whose Consumption and / or Sale Have Been Banned, Withdrawn, Severely Restricted or not Approved by Governments*, Fourth Edition, 1991.
(10) United Nations, *Yearbook of the United Nations*, 36 (1982), pp.1009-1012.
(11) Peterson, *op.cit.*, p.172.
(12) IOCU, *Proceedings of the 8th Congress, Sydney*, March 24-27, 1975, p.7.
(13) Statement submitted by Dorothy Willner, Representative of IOCU to the UN, E/C. 10/NGO/1, February 23, 1976.
(14) Consumer Protection: A Survey of Institutional Arrangements and Legal Measures, Report of the Secretary-General, E/1978/81, 1978.
(15) Consumer Protection, Report of the Secretary-General, E/1981/75, June 4, 1981.
(16) Jeane J. Kirkpatrick, "Global Paternalism: The UN and the New International Regulatory Order", *Regulation* (January/February 1983), pp.17-22.
(17) Consumer Protection, Report of the Secretary-General, E/1983/71, May 27, 1983.
(18) *Ibid*.
(19) Dorothy Willner, Memo to the Executive Committee (January 2-4, 1981), Dorothy K. Willner Papers, Consumer Movement Archives, Richard L. D. and Marjorie J. Morse Department of Special

Collections, Kansas State University.
(20) Letter, Lars Broch to D. H. Grose (September 11, 1984), Esther Peterson Papers Consumers Union Archives, New York.[以下 CUA と略記]
(21) United Nations, *Official Records of the General Assembly*, Thirty-ninth Session, Plenary Meetings, Vol.3, April 9, 1985, p.1956.
(22) United States Congress, *U.S. Policy on U.N. Consumer Guidelines: Hearings before the Subcommittees on Human Rights and International Organizations and on International Economic Policy and Trade of the Committee on Foreign Affairs, House of Representatives, Ninety-eighth Congress, Second Session, June 28 and August 1, 1984* (Washington, D.C.: U.S. Government Printing Office, 1985), pp.1-44.
(23) *Ibid.*, pp.113-123.
(24) *Ibid.*, pp.44-72.
(25) *Ibid.*, pp.74-76.
(26) Murray Weidenbaum, "The Case Against the UN Guidelines for Consumer Protection", *Journal of Consumer Policy,* Vol. 10, December 1987, pp.425-432; Esther Peterson, "The Case Against 'The Case Against the UN Guidelines for Consumer Protection'," *Journal of Consumer Policy*, Vol. 10, December 1987, pp.433-439; David Harland, "The United Nations Guidelines for Consumer Protection", *Journal of Consumer Protection*, Vol.10, September 1987, pp.245-266. を参照。
(27) United States Congress, *op.cit.*, pp.103-104.
(28) *Ibid.*, p.110
(29) Letter, Lars Broch to Esther Peterson (November 1, 1984), Esther Peterson Papers, CUA.
(30) *Ibid.*
(31) The Bureau of National Affairs, "U.S. Objections Prevent Agreement on U.N. Consumer Protection Guidelines", *Product Safety & Liability Reporter: Current Report* (December 14, 1984), p.944.
(32) The Bureau of National Affairs, "United Nations: Panel Resolves Most Problems with Draft Consumer Guidelines", *Product Safety & Liability Reporter: Current Report* (December 21, 1984), p.963.
(33) *Ibid.*
(34) United Nations, Official Records of the General Assembly, *op.cit.*, p.1956.
(35) The Bureau of National Affairs, "United Nations: General Assembly Passes Guidelines for Consumer Protection; U.S. Comments", *Product Safety & Liability Reporter: Current Report* (April 12, 1985), pp.242-243.
(36) *Report of the Seminar on Consumer Protection for Latin America and the Caribbean,*

Montevideo, 9-11 March 1987, The Department of International Economic and Social Affairs, United Nations Secretariat; *Report of the Seminar on Consumer Protection for Asia and the Pacific*, Bangkok, 19-22 June 1990, The Department of International Economic and Social Affairs, United Nations Secretariat; United Nations, *Consumer Protection for Africa: Report of the Africa Conference on Consumer Protection*, Harare, Zimbabwe, April 28-May 2, 1996 (1997).

(37) 山影進「国家主権と国際関係論」(『国際政治』第101号、1992年) 1-9頁。

〓解　説〓

国際消費者運動と国際関係論

初瀬　龍平

Ⅰ．はじめに

　国際消費者運動の研究を国際関係論のなかに位置づけるには、次の3つの視点が必要である。
　第1は、20世紀後半における国際システムの根本的変化の認識である。
　第2は、現時点における世界市民社会の誕生への期待である。
　第3は、私たちの日常生活を国際関係の枠組みからみていく視点の確立である。
　以下、順を追って、説明していくことにするが、その狙いは、本書に収めた個々の論文について解説することではなく、本書で展開されている議論の国際関係論的背景を明らかにすることにある。

Ⅱ．国際システムの変化

　現在の国際関係は、近代ヨーロッパの西欧国際体系が発展したものである。この体系はウェストファリア・システムとも呼ばれるが、それは30年戦争後の1648年にウェストファリア条約で確認された国際関係の組織原理と行動準則に基づくものである。そこでのアクターは主権国家であった。国家間関係を調整したのは、国際法と勢力均衡（balance of power）の原則である。しかし、このシステムで主権国家となれたのは、欧米諸国（主に西欧、ロシア、米国）だけであった。世界中のその他の地域は、ほとんど欧米諸国の植民地（あるいは半植民地）であり、国際関係のアクターにはなれなかった。ウェストファリア・

システムは、欧米諸国の近代化、工業化の国際的枠組みでもあった。

　しかし、1960年代以降、西欧国際体系は根本的変革の過程にある。まず、60年代にほとんどのアフリカ諸国が独立して、世界中から基本的に植民地が消えた。これによって、欧米支配の西欧国際体系の後背地が、失われることになった。植民地の独立とともに、発展途上国（旧植民地）の貧困、社会的不正の解決が南北問題として認識され、世界全体で共通の関心となるようになった。60年代後半からは、先進国を中心に、経済の国際的相互依存が注目されるようになった。70・80年代から、国際人権や地球環境の諸問題（酸性雨、オゾン層破壊、地球温暖化、海洋汚染など）が、人類的課題として認識されるようになり、問題を解決しようとする国際組織と人々の活動が活発となっている。そのための国際的諸制度（レジーム）が形成されてきている。さらに、東西冷戦終結後の90年代には、世界各地で、多くの民族紛争、局地紛争が発生すると、問題解決への世界的関心が高まるようになった。国連のＰＫＯ活動は活発化、複雑化し、90年の湾岸戦争では、国連を通じて多国籍軍（米軍中心）の派遣も実行された。90年代には、通信情報革命が急速に進み、経済のグローバリゼーションも加速化されることになった。これらの影響は、世界各地の社会全般に及ぶようになっている。地球と世界は時間的、空間的に圧搾されてきている。地球的問題や世界的問題を国際協力で解決しようとする共同統治（global governance）の発想と試みが、目立ち出している。世界中の人々の日常的安全を国際的協力で保障しようとする思想が、「人間の安全保障（human security）」論として、広く受け入れられ始めている。

　このように、今日では、国際関係はもはや、国家と国家との関係だけではない。そこには、国際機構、多国籍企業などの超国家的活動が加わり、さらに人々やＮＧＯなどの国家横断的な活動が盛んになってきている。地方自治体も国際交流の主役として登場してきている。今日の国際関係は、超国家的（supranational）レベル、国家間（international）関係のレベル、国内（subnational）諸アクターのトランズナショナル（transnational）関係のレベルからなる3層構造となっている。

　国際消費者運動では、諸国の消費者が消費者運動を通じて、トランズナショ

ナルに連帯し、諸国政府に働きかけるとともに、国連などを通じて、消費者側から生産の国際基準を作成させるなどの活動を展開してきた。上述のように、国際消費者運動が、国際的運動として展開されていくための国際的条件は、20世紀後半に確実に整備されてきている。国際消費者運動は、現代の国際システムの構造変動に対応して、発展してきている。

III. 世界市民社会への期待

　私たちの生活は、私的領域（家族、親戚、友人）、経済領域（企業、市場）、政治領域（立法・行政・司法など国家機構との関係、および政党、選挙）の他に、政治性、公共性をもった社会領域から形成されている。この領域は公共圏（public sphere）と呼ばれるが、市民が登場するのは、この公共圏である。市民社会の使い方に狭義と広義があって、狭義の使い方は公共圏、広義の使い方は経済領域プラス公共圏を指している。

　ここで市民とは、相互に対等な立場に立って、自由、平等、自立を尊重し合う人々のことである。このような市民の目指す政治体制は、民主的共和制である。市民は、自分が所属する政治体（地方、国家、国際）の意思決定に、自発的に参加することを当然と考え、相互に参加の正当性を認め合う。政治的参加は市民の権利と義務である。国家は、この市民の権利を保障しなければならない。市民の側も一定の教育を受け、知識をもち、経済的に自活でき、合理的判断力をもつことが、望まれる。市民に期待される役割は、国家の監視者、社会の変革者として行動することである。市民は、自発的結社（civic associations）を結成して、市民社会に登場する。

　近年、市民の自発的結合・結社は、きわめて多様となっている。そこには、1960年代から活発となっている市民運動がある。それは、公害反対運動、消費者保護運動、生協運動、地域住民運動、ベトナム反戦市民連合、反核軍縮運動、フェミニズム運動である。これらに加えて、80年代から開発協力、地球環境保全、人権擁護、難民救援、平和軍縮、障害者支援などで、ＮＧＯ活動が立ちあがっている。さらに90年代には、先住民復権運動、ジェンダー運動、対人地雷

廃止運動などが、有力となっている。

現在、無数の市民が国際的、世界的、地球的に活躍している。彼らは、国際的非営利組織（ＮＰＯ）のメンバー（例、国際オリンピック委員会、各国ユネスコ委員会）、市民運動の国際的ネットワーク形成者（例、国際消費者運動）、あるいは国際的ＮＧＯ組織の活動者（例、国境なき医師団、アムネスティ・インターナショナル、グリーンピース、ＯＸＦＡＭ）である。その国際社会での影響力は、着実に高まってきている。

原理的に考えると、国際社会の政治領域では、世界政府はない。法治主義は市民社会論の前提だが、法治主義の前提となる世界憲法もない。国際連合・諸機関、ＥＵなどの制度化は進んでいるが、立法機関といえるものはない。司法機関も執行機関もごく初期段階にある。国際機関の決定は、諸国の行政機関の代表者によって行われ、主に諸国の国内機関を通じて執行される。民主的規制が働くのは、決定自体を直接に承認、否認し、あるいはその執行を間接的に監視する各国の議会を通じてである。国際社会では、直接選挙による民主的共和制を望めない。そこで、市民の参加型民主主義が重要となる。

国際社会では、経済領域で、世界市場が機能している。多国籍企業も強力である。多くのＮＧＯ、市民ネットワークは、世界市場、多国籍企業から発生する南北問題と地球環境問題の解決を目指して、立ちあがっている。これとの連関でも、市民の参加型民主主義が重要である。

国際消費者運動は、市民としての消費者が、国内および国際社会で公共圏に登場し、消費者の権利を擁護し、さらに南北問題、地球環境問題などを解決していこうとする市民運動である。これが国際的規模で展開されるという意味で、国際消費者運動は、世界市民社会の誕生に向けての重要な要件となっている。

Ⅳ. 日常生活のなかの国際関係

鶴見良行は、フィリピン・ミンダナオ島で日本人向けのバナナが生産され、日本に輸出されることの経緯と意味を明らかにした（岩波新書『バナナと日本人』）。村井吉敬は、タイでマングローブ林を切って、日本の消費者向けにエビ

が養殖、輸出されることを、同様に明らかにした（岩波新書『エビと日本人』）。両者の場合とも、企業主と日本人消費者の利益のために、現地で民衆生業で暮らす大衆の生活圏が破壊された。

　古来、人間は外の世界との経済交流、文化交流で生活の質を高めてきた。しかし、近年では、経済的相互依存、通信情報革命、輸送革命があって、いっそう外の世界との接触が活発になっている。私たちの衣食住、健康という日常生活は、国際関係、国際交流によって大きく左右されている。日本では、衣食住の基本は、大幅に輸入品に頼っている。食料では、米とごく身辺の生鮮野菜を除いて、ほとんどが輸入品（例、魚介類、中国からのネギ、生しいたけ）か、輸入素材の加工品（例、パン、豆腐、味噌）か、輸入飼料を使っての肉類（例、鶏肉）である。水だけは自給自足といいたいところだが、ミネラル・ウォーターには輸入商品も目立っている。住居の建材では、砂利とセメントを除いて、木造家屋の木材（主に合板）や、鉄筋コンクリート・ビルディングの鉄筋、鋼板、木材など、基本的に輸入素材に依存している。畳表のイグサにも中国からの輸入品が増えている。衣類では、繊維素材の木綿、麻、羊毛、合成繊維（石油製品）が全面的に輸入品であり、生糸もかなり輸入品に頼っている。

　このように、日本での生活の基礎的部分（いわゆる衣食住）は、外国からの輸入品に依存している。いうまでもなく、輸入力を支えているのは、機械製品の輸出力である。物品の輸出入（貿易）には、生産者、消費者だけでなく、流通に関係する商社員、輸送業者、あるいは支払いの為替業務に関係する銀行員など、多くの人々が関係している。新聞社、通信社、テレビ会社などマスコミに関係する人たちのうち、少なくない人々が、情報、文化の国際交流に従事することで、生活している。このように種々の形で、私たちの日常生活は国際関係に依存している。

　私たちの経済活動は、生産、流通、消費からなっている。消費者、生活者の利益は、しばしば生産者、流通関係者の利益と対立する。ここで問題を消費者、生活者の側からみて、社会を変革しようとするのが、消費者運動や生活協同組合である。一国の消費者運動は、必ずしも国際化するとはいえない。一国の消費者が他の諸国の生産者、消費者を犠牲にして、国内での自己目標に集中する

ことは、決して少なくない。しかし、消費者運動には、共通目標に向かって、国境を越えて、連帯する可能性が含まれている（例、食品の安全基準）。Ⅱで述べたように、そのための国際関係の条件も整備されてきている。そこには、南北間での連帯もあるし、環境問題への世界共通の取り組みもありうる。消費者運動は、国際化、地球化、世界化していく可能性をもっている。

　これまで国際関係研究の主流では、生活の日常性とか、文化交流について研究されることが少なかった。文化交流では、平野健一郎『国際文化交流』（東京大学出版会）が、日本で唯一の本格的な研究といえる程度である。生活の日常性については、経済学、社会学、歴史学から着実な研究成果は出されているが、国際関係論からの取り組みは、ほとんどみられない。この意味で、国際消費者運動についての本格的研究は、きわめて重要な学問的意義をもっている。日々の日常生活から国際関係を見直していくことは、国際関係論に新しい視野を開くものである。

Ⅴ. 結　語

　私たちの日常生活から、国際関係に新しい平和と福祉の道を探っていくことは、グローバリゼーションの進む今日の世界で、きわめて大切な知的な営みである。実践の場で期待されているのが、市民運動の発展であり、世界市民社会の形成である。今日の国際関係には、すでに国家と国家の関係に加えて、超国家的関係とトランスナショナルな関係が発展してきている。国際消費者運動は、私たちの日常生活の変革に基点をおいて、世界中で人々の生活の向上を指向するものであるが、それは現在の国際関係の構造変化、および世界市民社会の形成への期待とも同調している。

　国際関係論の視野なしには、今日の消費者運動を語ることはできない。国際消費者運動の視点なしには、今日の国際関係論に新しい視野を切り拓くことはできない。

出版の経緯 —— あとがきにかえて ——

　本書の著者である境井孝行さんと私たちの関係は、境井さんが神戸大学大学院に編入してこられたときに始まる。境井さんは、それまで大阪大学大学院の馬場伸也教授のもとで社会運動論の研究に専心されており、その研究成果を「『新しい社会運動』の変容と今日的意義」と題する修士論文にまとめておられた。その後、馬場教授がお亡くなりになられたため、境井さんは神戸大学の初瀬龍平教授（現・京都女子大学教授、神戸大学名誉教授）の門を叩かれたのである。1991年4月のことであった。
　神戸時代、境井さんが読破された書物の量は生半可なものではなかった。その領域は、専門の国際関係論はもちろん、政治学、外交史、国際法、社会学、経済学にまで及んでいた。境井さんは、自ら主催された大学院の研究会、さらには学外の研究会やシンポジウムにも精力的に参加され、教員や院生と議論を交わすなかで自らの考察を深めていかれた。資料収集にも余念がなく、夜行バスで幾度となく東京に通っておられた。境井さんはそれら全てを自らの血肉とし、修士論文での成果を発展させるなかで、国際消費者運動の研究へと歩みを進めていかれたのであった。このような学問に対する境井さんの真摯な姿勢は、93年には松下国際財団の認めるところとなり、その研究助成をもとに境井さんは、消費者運動の中心地であるペナン（マレーシア）にも赴いた。
　大学院では、境井さんの姿を見かけない日はなかった。毎朝、薄暗い大学院の共同研究室に一番乗りするのは、決まって境井さんだった。また、蛍光灯の明かりが夜遅くまで灯っているのも、境井さんの勉強机だった。こうして、収集した山のような資料を来る日も来る日も丹念に読みこなしていかれた境井さんは、論文を発表し、印象的な学会報告を行い、着実に成果を積み重ねていかれた。そして95年4月、境井さんは鹿児島県立短期大学に赴任されたのであった。その後、境井さんは、97年8月から1年間、アメリカのロション教授 (Thomas R. Rochon, Claremont Graduate University) のもとに留学され、さらに研

を深められたのであった。

　ところが、2000年8月7日、境井さんは38歳の若さで急逝された。これまでの業績を博士論文にまとめようとされていた矢先のできごとであった。国際消費者運動の研究者としてその将来を嘱望されながらの、あまりにも早い旅立ちであった。その突然の訃報に、私たちの誰もが耳を疑った。私たちにとって、境井さんは学問に対する厳しさと成功の喜びを教えてくれた、かけがえのない人であった。

　境井さんは、白血病の病魔と闘いながらも博士論文の構想を描き続けておられた。そのような境井さんに対して私たちができることは、境井さんの業績をこのような形で世に問うことであった。国際関係論の分野においては、国際消費者運動というテーマでここまで練られた研究は皆無に等しい。それゆえに、本書がわが国における国際関係論の発展に十全に貢献するものとなりうるはずである。そして、これこそ境井さんが最も望まれていたことであると私たちも信じている。なお、本書では、国際消費者運動が国際関係論の中で論じられるようになった背景について、初瀬教授に「解説」を執筆していただいた。

　本書の編集作業にあたったのは、神戸大学の六甲台キャンパスで境井さんと苦楽を共にした今林直樹（宮城学院女子大学助教授）、黒神直純（岡山大学助教授）、野田岳人（大阪外国語大学非常勤講師）、松田哲（京都学園大学助教授）の4名である。

　末尾ではあるが、本書の意義を理解し、出版の機会を提供してくださった大学教育出版取締役出版部長の佐藤守氏には、心より感謝申し上げる。

　本書を故人の御霊前に捧げたい。

　　　　　　　　　　　　　　　　　　　　　　2002年2月　出版協力者一同

初出一覧

第Ⅰ部　消費者運動の国際的発展
　　第1章　「消費社会と消費者運動 ── 生成から国際化への過程 ── 」(『神戸法学雑誌』第44巻第2号、1994年)
　　第2章　「国際的社会集団の形成と機能 ── 国際消費者機構(ＩＯＣＵ)の事例 ── 」(『六甲台論集』第40巻第2号、1993年)
　　第3章　「国際消費者運動 ── 変革の対象と方法 ── 」(『六甲台論集』第40巻第4号、1994年)
　　第4章　「ＮＧＯの消費者保護に関する考察」(鹿児島県立短期大学地域研究所『研究年報』第26号、1997年)

第Ⅱ部　消費者問題の国際政治過程
　　第5章　「国際消費者問題と消費者運動の資源動員 ── 国連消費者保護ガイドラインのケース ── 」(日本国際政治学会編『国際政治』第119号、1998年)
　　第6章　「食の国際化と消費者問題」(『鹿児島県立短期大学紀要』第47号、1996年)
　　第7章　「消費者問題の政治学的研究」(『鹿児島県立短期大学商経論叢』第45号、1996年)
　　第8章　「国際消費者問題の政治過程 ── 国連消費者保護ガイドラインの形成とアメリカ ── 」(日本国際政治学会1999年度研究大会部会Ｂ－Ⅱ「国際規範と国家主権」、報告者提出ペーパー)

■著者紹介

境井　孝行（さかい　たかゆき）

1961年生まれ。
1995年 神戸大学大学院法学研究科博士後期課程修了。
鹿児島県立短期大学助教授（2000年8月歿）。

主な著書・訳書
初瀬龍平・定形衛・月村太郎編『国際関係論のパラダイム』
（共著：有信堂高文社、2001年）
Ｒ・Ａ・スカラピーノ、初瀬龍平・境井孝行訳『アジアの政治発展』（共訳：三嶺書房、1997年）

国際消費者運動 ― 国際関係のフロンティア ―

2002年 4月25日　初版第1刷発行
2003年10月10日　初版第2刷発行

■著　者──境井　孝行
■発行者──佐藤　守
■発行所──株式会社 大学教育出版
　　　　　〒700-0953　岡山市西市855-4
　　　　　電話 (086) 244-1268　FAX (086) 246-0294
■印刷所──互恵印刷(株)
■製本所──㈲笠松製本所
■装　丁──ティーボーンデザイン事務所

Ⓒ Takayuki Sakai 2002, Printed in Japan
検印省略　　落丁・乱丁本はお取り替えいたします。
無断で本書の一部または全部を複写・複製することは禁じられています。

ISBN4-88730-471-4